反常识营销学

[日] 永井孝尚______著
赵媛______译

新世界出版社
NEW WORLD PRESS

图书在版编目（CIP）数据

反常识营销学 /（日）永井孝尚著；赵媛译 . -- 北京：新世界出版社，2019.6（2020.2 重印）
ISBN 978-7-5104-6738-7

Ⅰ . ①反… Ⅱ . ①永… ②赵… Ⅲ . ①市场营销学 Ⅳ . ① F713.50

中国版本图书馆 CIP 数据核字（2019）第 056366 号

著作权合同登记号：01-2017-5105

反常识营销学

作　　者：（日）永井孝尚
译　　者：赵　媛
责任编辑：董晶晶
责任印制：王宝根
出版发行：新世界出版社
社　　址：北京西城区百万庄大街 24 号（100037）
发 行 部：（010）6899 5968　（010）6899 8705（传真）
总 编 室：（010）6899 5424　（010）6832 6679（传真）
http://www.nwp.cn
http://www.nwp.com.cn
版 权 部：+8610 6899 6306
版权部电子信箱：nwpcd@sina.com
印　　刷：三河市骏杰印刷有限公司
经　　销：新华书店
开　　本：880mm × 1230mm　1/32
字　　数：150 千字
印　　张：7.25
版　　次：2019 年 6 月第 1 版　2020 年 2 月第 2 次印刷
书　　号：ISBN 978-7-5104-6738-7
定　　价：48.00 元

序

商场上有两种人：

一种是拼命努力也做不出销售业绩的人。

一种是看似不努力，销售业绩却不菲的人。

而凡是销售业绩好的人，都理解并践行着营销理念。

营销理念整合了“不努力也能做好销售”的各种方法，任何人都可以做到，对于经营者来说是非常有益的。

然而，遗憾的是，世上的很多人却不懂得营销，枉费辛苦。

不懂营销，多是有原因的。

世间有关营销的书籍多是理论书、解说书。

虽然其中不乏精彩之作，但这些书中的很多语言对于不懂营销的人来说晦涩难懂，让人头痛。

人们真正需要的营销理念是简明易懂的，连小孩子都能理解，绝非什么高深莫测的东西。

本书从对身边的现象产生的疑问入手，让人们在不知不觉中自然而然地理解营销理念。

本书遵循营销理念展开，您如果感觉“难”，也可以跳过相关的理论部分。即便如此，您仍然能够学到必要的东西，各位读者尽可放心。

我从内心深处期盼你们的人生能够因为了解营销而变得更加丰富多彩。

那么，就让我们从第1章“为什么戴手表的人少了，而手表广告却多了？”开始吧。

永井孝尚

2016年9月

目录

第 1 章　为什么戴手表的人少了，手表广告却多了？

——“价值主张”与“蓝海战略”

第2章 为什么人们购买奔驰后，还爱看奔驰广告？

——“顾客”与“品牌”

第 3 章　为什么在冰天雪地的北海道栽培芒果?

——“商品战略”与“顾客开发”

第 4 章　为什么顾客排长队的布丁店会亏损？

——“价格战略”

第5章 为什么7-11的旁边就是7-11？

——“渠道战略”与“兰彻斯特战略”

第 6 章　女性鼓胀的钱包里到底装了些什么？

——“促销战略”与“4P 营销组合”

第 7 章　卡莉怪妞为什么会走红？

——“创新扩散理论”与“鸿沟理论”

第 8 章 为什么二手书书店比普通书店赚钱多？

——迈克尔·波特的“五力理论”与“竞争战略”

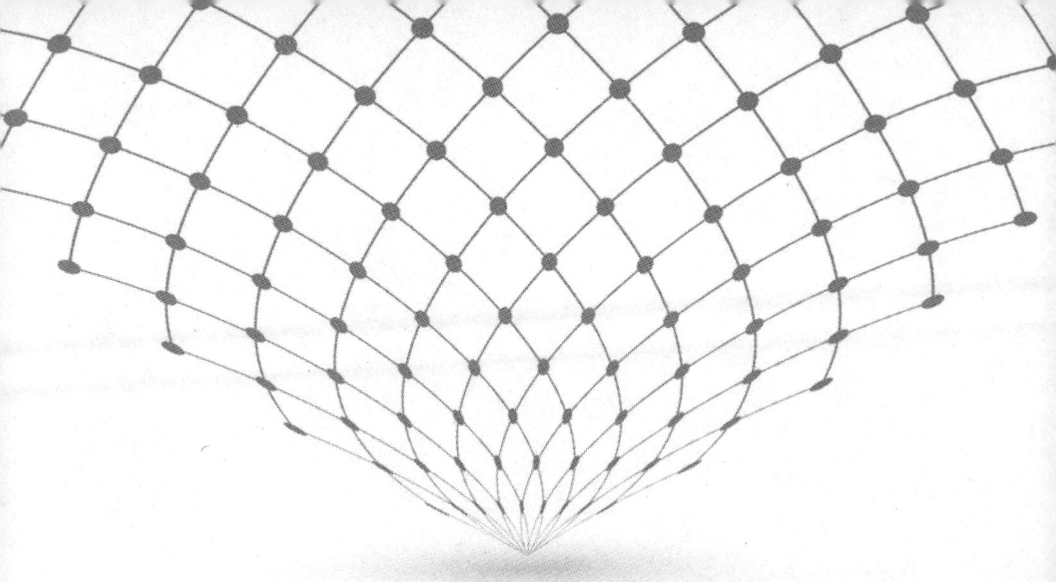

第1章

为什么戴手表的人少了，手表广告却多了？

——“价值主张”与“蓝海战略”

1 奢华的手表广告

“热，这天也太热了！”我扇着扇子在等车。

车总算进站了。

“啊——”开着空调的车厢简直是天堂，总算能喘口气了。

我一边扇扇子，一边向凉爽的车厢内望去，在乘客们抓着扶手的手腕上几乎看不到手表。想一想，这也很正常，现在看手机就知道时间了。

“可不是嘛，现在几乎没人戴手表了。”

我正这么想着，偶然一抬眼，看见了车厢内设置的手表广告。红色的广告背景上，某位著名的年轻女演员（据统计，时下她拥有的女粉丝最多）身穿黑色无袖衫，露出漂亮的双臂。她披着一头靓丽的黑色长发，轻托脸颊的左手腕上戴着一块高雅的银色手表，熠熠生辉。好美啊！我一时间看得入了迷。

说起来，手表广告好像比以前多了。几乎没人戴手表了，为什么手表广告却更多了呢?

很多人都是“说起来才意识到有很久没戴手表了”。

但手表广告却频频出现在电车里、车站站台或电视、报纸、杂志上等处，感觉比以前有所增加。至今也还有手表专刊的存在。而且，手表广告都看着很奢华，给人“没少花钱”的感觉。

很少有人戴手表，斥资制作和投放的手表广告却有增无减，这不是糟蹋钱吗？

手表制造商可不傻。世上没有公司会只凭兴趣来为不好销的产品做广告。做广告，一定有其原因。

2 为什么戴手表的人少了？

我的第一块手表是我上初中一年级时买的。

虽说上初一了，但就在不久之前我还只是一名小学生。当我第一次把手表戴在小手腕上，我好像迈进了成人的行列，兴奋不已。那个时候，如果没有手表，不但会误了电车、巴士，考试时也不知道还有多少剩余时间。手表是生活中必不可少的物件。

那时流行的手表是日本精工公司领先开发的石英表。之前的手表时间往往会有5分钟到10分钟的误差，但石英表的时间几乎没有误差。

所以，各家店纷纷打出“月差30秒”“月差60秒”的广告，强调其时间的精确性。精工手表凭其走时准确瞬时风靡了全世界。

我所在的班里有个男生经常炫耀自己戴的手表：“你的表差了1分钟，而我的表分秒不差。”那时，佩戴手表是为了“知道准确的时间”。然而，现在看手机就能准确无误地知道时间，所以越来越多的人不再戴手表了。

像这样，人们曾经努力追求的价值在不知不觉中变得唾手可得，这种价值也就不复存在，以营销术语来说，这种现象叫作“同质化”[①]。人们称过时的漫画、动画“内容落伍”，同质化正体现了落伍的状态。

商界的同质化是非常可怕的。

一旦同质化，以前开开心心掏腰包的人，其购买行为会像翻转手掌一样戛然而止。公司和员工们的生存依赖于顾客购买产品；如果不能避免同质化，公司就会倒闭，员工们则被解雇，踯躅在街头。没有什么比同质化造成的下场更悲惨了。

一旦人们认为“要知道准确的时间，有手机就足够了”，购买手表的就只剩下手表爱好者了。夸张点说，那时世上就只

---

①“同质化”指同一大类中不同品牌的商品在性能、外观甚至营销手段上相互模仿，以致逐渐趋同的现象，其结果是丧失了商品差别化的因素（品质、功能等），商品变得很普通。——译者注。本书中的脚注如无特别说明，均为译者注。

剩下两类人：一类是购买劳力士等高档品牌手表的人，占一小部分；一类是根本不买手表的人，占大多数。实际上，手机尤其是智能手机问世后，手表市场急剧缩小，手表制造商陷入了生存危机。

然而，前文提到的我在车厢内看到的由女明星代言的手表，却不是劳力士这样的高档品牌，而是日本本国的一家公司推出的。我们也在其他地方看到一些其他类型的手表广告，也都不是为高档品牌表做的广告。

在此，我们先对要点做一下整理。

具有“提供准确时间”价值的商品同质化，
佩戴手表的人数剧减。

↓

尽管如此，许多家手表制造商仍然斥资打广告。

我对这个谜团充满了疑问。

3 实际上，人们戴的手表各式各样

有一个非常有趣的现象：当我们开始在意一件事的时候，很多相关信息便源源不断地进入我们的视野。

以前，我从未留意过手表，然而，自我关注它的那一刻起，有关手表的信息便接踵而至。

例如，我打开久违的脸谱网（Facebook）浏览，发现学生时期那个长着大肚腩、被称为“胖子”的朋友，竟然瘦得让我差点儿没认出来。原来，这是他在最近这一年里一直坚持慢跑的成果。没想到常把“我最讨厌运动了”这句话挂在嘴边，做事没有常性的“胖子”竟然能坚持下来。他的秘密就在于拥有了一只慢跑专用表。这块表能够记录跑步的距离、消耗的热量、步数，还能够利用全球定位系统（GPS）显示跑步路线。

这块表还有一个重要的作用——可以用来进行“心跳训练”。在慢跑过程中速度太快的话，身体会比较吃力；慢慢跑则较为轻松。通过测算跑步时的心跳次数而轻轻松松地提高体能，这个方法就是“心跳训练”。

心跳训练不但让心情放松，而且有助于提升跑步纪录。最初顶多只能慢跑5分钟的“胖子”，现在居然能持续跑1小时。原本不喜欢运动、没有常性的“胖子”开心得不得了。以前不做任何运动，所以稍加运动，便会出现巨大的变化，这是很正常的。

据说，实现了大瘦身的“胖子”，已立下跑完下一届东京马拉松全程的新目标。

几天后，我参加了我曾任职30年的公司的大型同窗聚会。

我遇到一位久未谋面的六十多岁的老前辈。前辈晒得黝黑、精神矍铄，好似返老还童一般。前辈退休以来一直过着悠然自得的生活，听说现在热衷于登山。

“多亏了这个，我才能登山的。”

他把一块结实的登山专用表拿给我看。它不但是手表，还自带高度计、气压计、温度计，它甚至有登山必需品——指南针的功能，俨然一件值得信赖的登山工具。

前辈灵巧地操作着手表，向我演示聚会场所的气压、高度等。在我看来极其复杂的操作，前辈却做得极其熟练。他一边操作，一边继续说道：

“对了，我那个已参加工作的女儿也是个登山迷，她也戴这款表。”

“女孩子戴这么厚重的表吗？”我吃惊地问。雨雪天登山，戴着厚厚的手套，手也会冻得僵直，为了方便登山者操作，登山表自然做得很大。

“我对劳力士毫无兴趣。那东西本来就贵得买不起，也没必要图虚荣。”前辈说道。他早已习惯在日常生活中也使用这块登山专用表了。也许他逢人就像今天这样，一边演示一边谈论自己热衷的登山话题吧。

前辈正在炫耀他的手表，一位身穿西装的友人插起话来。他在外资信息技术（IT）企业任经理，经常到世界各地出差。他也戴着一块手表，好像是GPS太阳能表。

“近来我常常要去很多国家，这表真是方便。”他炫耀道。这款表兼具电波授时和GPS授时，在世界任何一个地方都能在瞬间自动修正成当地时间；电力源于太阳能，也不用换电池。

从同窗会回来，我便用智能手机查询起那些手表的价格。

我发现，这几款手表都是国产货，慢跑专用表的价格是1万~3万日元，登山专用表的价格是5万~10万日元，GPS太阳能手表的价格是10万~20万日元。这些表的价格虽然都不及劳力士，但也挺贵的。不过显然大家都很满意。

我原以为没人戴表，但留意一看，戴表的人却出奇地多。

4 顾客把钱花在什么上面?

不知不觉间，在我眼中，世上的手表变得多起来了。这大概就是手表制造商们纷纷增加广告的原因吧。

以前，顾客们想要的是“知道准确的时间”。现在，准确的时间通过手机就能知道。因此，仅凭“准确显示时间”是不足以让顾客掏钱购买的。

于是，手表行业通过创造让顾客掏钱的新“理由”，开发出手机无法效仿的新商品。

顾客把钱花在什么上面？

◆**增强体能**
（慢跑专用表）
◆**安全登山**
（登山专用表）
◆**在国际社会取得事业上的成功**
（GPS太阳能手表）

靠慢跑专用表“增强体能”，靠登山专用表“安全登山”，靠GPS太阳能手表“在国际社会取得事业上的成功”……通过创造这些新价值，创造**让顾客掏钱的新“理由”**，开发出新市场。

5 “价值主张”的思维方式

营销中所说的价值主张的思维方式，使这种结构简明易懂地呈现出来。

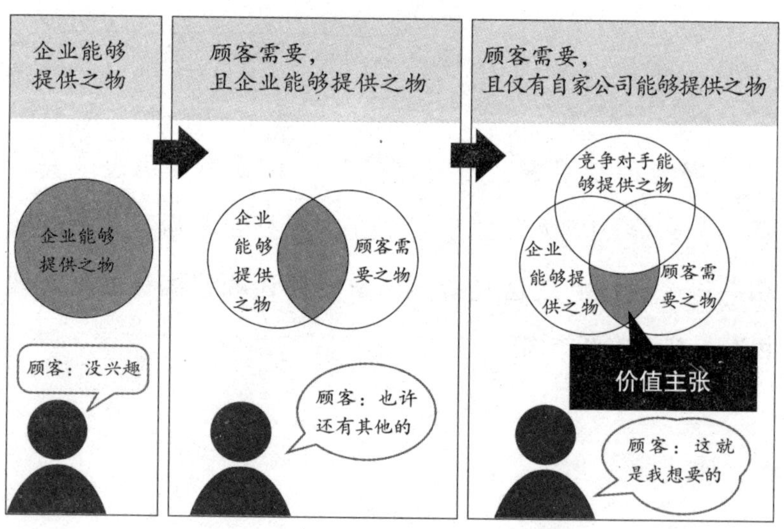

人们在销售商品时，大多只考虑“自己能够提供什么”。但顾客是不会为自己不想要的东西买单的。这就意味着卖方不仅要考虑自己能够提供什么，还需要提供顾客所需之物。

然而，仅仅满足这两个条件，顾客仍然不一定掏钱。例如，顾客“欲知准确的时间”，但不用手表，通过手机也可以知道。像这样，如果有其他更好的选项，顾客就会去选择那些。

只有提供他人无法提供之物，方才构成顾客掏钱购买的理由。无论是慢跑专用表还是登山专用表，只有具备了手机和其他手表都无法提供的功能，顾客才会为之掏钱。

即顾客只有面对“自己想要某个价值，且只有该商品能够提供此价值”的情况，才会真正考虑掏钱。这就是价值主张。

价值主张决定了向顾客提供的价值。卖方需要深入思考价值主张，创造出让顾客掏钱购买的理由。

考虑价值主张时，首先需要界定目标顾客，思考这些顾客掏钱购买的理由。

例如，慢跑专用表将目标限定为“想靠慢跑增强体能”

的顾客，提供“可通过手表增强体能”的价值，创造出让顾客掏钱的理由。

登山专用表将顾客限定为“想要安全登山”的人，提供“在严峻的环境中手表成为可以依赖的登山武器”的价值，创造出让顾客掏钱的理由。

这些都是手机和其他手表无法做到的。

起用好感度较高的知名年轻女演员做广告的手表，则将目标限定为“想和知名女星××一样”的同龄女性，通过煽动起人们想变得像她那样的愿望，让顾客掏出钱来。

也就是说，**要打造出畅销商品，就需要明确划定目标对象，思考让顾客掏钱的理由，即价值主张**。这是一个必要条件。

6 红海与蓝海

如果缺少价值主张，同质化的状况持续存在，那会怎么样呢?

目前，牛肉饭这一行业正是处于这样一种状态。

学生时代，我非常喜欢牛肉饭。

那时的牛肉饭以"好吃、便宜、快捷"著称。学生们看似清闲，其实忙得很。多汁美味的牛肉饭，点餐后1分钟即得，300日元，好吃不贵，我经常光顾。

步入社会以后，我渐渐远离了牛肉饭。不知从何时起，各种各样的牛肉饭连锁店变得多了起来，"好吃、便宜、快捷"也已经是再普通不过的价值了。

前几天，我在街上徘徊，想着中午吃点儿什么，这时，看到了一家卖牛肉饭的店铺。

我突然想起来："我已经很久没吃牛肉饭了啊。"于是走了进去。

和以前一样，点餐后，饭很快就端了上来。但刚尝了一口，我就感到不适。

“嗯？牛肉饭的肉是这么干硬的吗？”

曾经美味多汁的牛肉，怎么变得如此干硬了？一点都不好吃。不知道是不是心理作用，感觉肉量也比以前少了。

我告别学生时代已三十多年了，至今仍然有不超过300日元的牛肉饭，但激烈的价格竞争却使得其味道大不如从前。

以前，牛肉饭的卖点是“好吃、便宜、快捷”；实现了同质化后，牛肉饭这种商品本身已没有多少差别。这样一来，就只有靠价格来体现出差异。结果陷入了廉价争夺战，商家极力削减利润与成本，造成过度竞争。

可能你们想说：“价格战是受消费者欢迎的事。”但遗憾的是，事实并非如此。拼命削减成本，用廉价的食材取而代之，味道就会一落千丈。低价竞争，绕了一大圈，最终吃亏的还是消费者。

实现了同质化、对手之间过度竞争的市场被比喻为有许多鲨鱼聚在一起抢食猎物而被鲜血染红的大海，即“红海”。牛肉饭这个行业即是红海。

鲨鱼嗅到血腥味会突然变得凶猛，在被鲜血染红的大海，还有其他鲨鱼嗅到血腥味蜂拥而至，相互争食猎物。这和竞争对手们纷纷涌至看似有利可图的市场，展开过度竞争的情况是完全相同的。

你愿意在这样的血海中遨游吗？

我是不喜欢的。

我想要尽快上岸，去寻找没有可怕的鲨鱼存在的平静的大海。

在商场上也同样。

一直滞留在红海，公司的体力会逐渐消耗，最坏的情况是公司倒闭。为了避免出现这种情形，需要尽早离开过度竞争的市场，即血腥的红海，寻找没有竞争对手的海洋。

没有竞争对手存在的市场被称作“蓝海”。它是未被血腥污染的蔚蓝的大海，是一片未经开拓的新市场。

曾经置身于红海之中的手表制造商，现在开拓出了一片蓝海。创造出这片蓝海的战略被称作**“蓝海战略”**。这是一种与价值主张极其相近的思维方式，二者都是针对新兴顾客，创造出竞争对手无法提供的新价值。

蓝海战略指为了开发新市场，首先要划定目标对象，思索在当前的做法中去除、减少什么，在此基础上，再考虑增添什么，制造出只有自家公司能够提供的产品，开创出开发新市场的战略。

例如，慢跑专用手表首先将目标对象划定为马拉松爱好者。

要开发出符合目标对象偏好的产品，需要在小小的表盘上显示心跳次数，并且将数字放大显示，这样跑步者就可以一边跑，一边瞄一眼手表便了解自己的心跳次数。但是搭载了这些功能后，手表会更加耗电。在这种情形下，就得下定决心放弃时尚性和电池的待机时间，搭载慢跑必须的功能。这样，慢跑专用手表便诞生了，“通过手表增强体能”的新兴市场（蓝海）就创造出来了。

登山专用表也是如此，它舍弃了手表的轻便和操作上的简洁性，将按钮做得较大，增强了在恶劣环境下的操作性，并且搭载了登山需要的各种功能。就这样，通过创造出手表“在登山时成为可以依赖的武器”这种价值，从而开发出新兴市场（蓝海）。

如上所述，蓝海战略与价值主张一样，也不拘泥于既存顾客。它是通过为重新划定的顾客提供掏钱购买的理由，来创造出新兴市场的战略。

讲个题外话吧。我三十多岁时，不知不觉地腹围就增大了一圈，把我自己都吓了一跳。那时，我身体状况不佳，这样下去，迟早会患代谢综合征。于是我对自己的生活做了一番反思，找出了问题所在：

第一，我喜食冰激凌。冰箱里常备1公斤的盒装冰激凌，只要有空闲就吃个不停。第二，我每顿饭都吃到撑才停，每周还会参加3～4次聚餐。

想想看，已年过三十，我却仍然像二十几岁时吃吃喝喝，不胖才怪呢。

于是，我将冰箱里的冰激凌都扔进垃圾桶处理掉，饭吃到八分饱即止，聚餐也减少至每周一次。而且在没有聚餐的日子，我还会做些适量的运动。

谢天谢地，代谢综合征没有继续发展，我也变得苗条起来。

在此我想说的是，**如果不舍弃一些东西，就不会有所得。**

7 坚持站在顾客的立场上

在第1章中，我介绍的是作为市场战略出发点的**“价值主张”**与**“蓝海战略”**的理念。

曾几何时，只要做出好的产品，就不愁销路。

但在当今这个时代，如果不是顾客真心“想要”的东西，就不会有市场。

所以，价值主张这种创造出让顾客掏钱购买的理由的思考方式就变得极其重要。

实行价值主张，需要坚持站在顾客的立场上进行思考。

在登山、户外活动还不像现在这样火爆的时候，登山专用表的开发团队就认为“一定会有需求”，他们加入登山爱好者团体，一起反复攀爬。据说，团队成员中还有人因为不习惯冬季登山而被冻伤。

就这样，他们站在登山爱好者的立场上，彻底查找出需求，开发出具有登山爱好者必需功能的产品。很多团队成员也因此意识到登山之乐，将登山当作了自己毕生的事业。

慢跑专用表的开发团队中也有很多人是慢跑爱好者。

他们也是通过日常慢跑，从顾客的角度挖掘新的需求，不断思考为顾客提供更多的价值。

首先要做的是坚持站在顾客的立场上行事。

而且要睁大眼睛，发现尚未被发现的顾客需求。

就像手表市场虽然同质化严重，陷入了红海，成了“落伍”的市场，也依然会诞生慢跑专用表、登山专用表一样，在任一市场，都一定会有顾客尚未察觉到的需求存在。

发现这些需求，提出价值主张，挣扎到蓝海，产品就一定能好销。

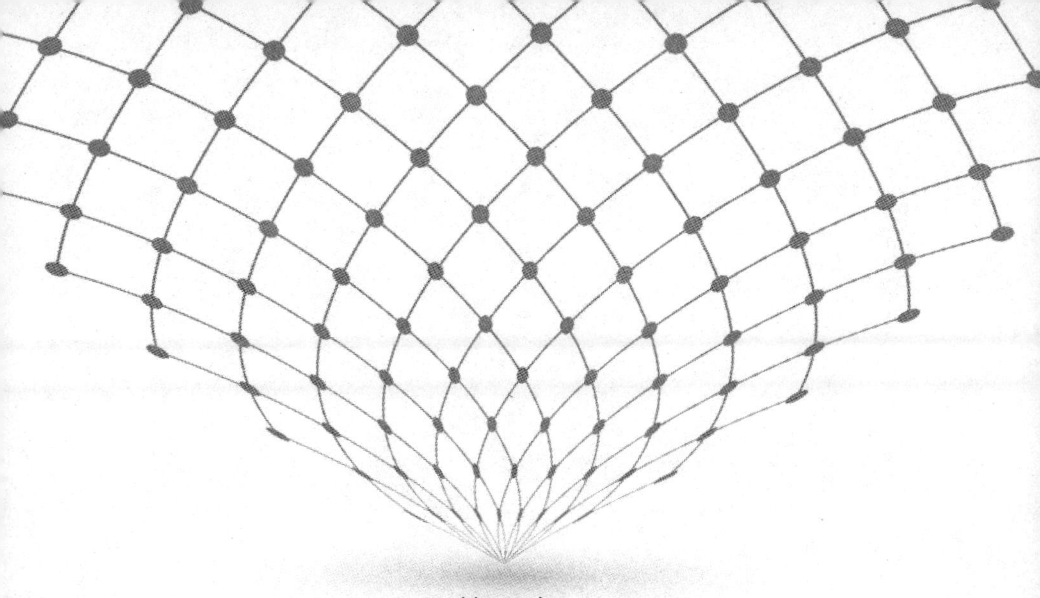

第 2 章

为什么人们购买奔驰后，还爱看奔驰广告？

——“顾客”与“品牌”

1 高消费后必做之事

一位朋友买了辆奔驰。

他在Facebook上发了条信息："买车啦！"并晒出一张自己站在鲜红的奔驰车前，微笑着比划剪刀手的照片。

一个周末，我有幸乘坐了他引以为傲的奔驰车。

奢华的黑皮面座椅，散发着新车特有的气味。

他一边开车，一边兴高采烈地赞道："奔驰车真棒！"

我坐在副驾席上，偶然朝后面的座椅看去，只见上面放了一本杂志。我随意伸出手取来杂志，发现有一页以折角做了标记。原来那一页上登载着奔驰车的广告。

朋友说："我购买奔驰以后也依然关心它的广告，不知不觉地就会看上很多遍。"

奔驰车给人以经营者专用车的印象，而他只是一个在普通公司任职的三十多岁的普通职员。购买奔驰前，他一定试驾了不少车，考虑再三才最终选择了这辆。尽管购车前他已收集了许多信息，购车后他仍然会翻看相关的广告。

我暗自思忖："这可真有趣啊！"突然意识到其实我自己也是这样的。

我把拍照当成毕生事业，常常购买相机和镜头。

和他一样，买相机、镜头时，我总是细致地加以比较，然后去店面触摸，实际感受之后才会购买。但买下之后，我却总是比购买之前更为仔细地关注所购相机与镜头的广告。

不知何故，很多人购买了高额商品以后都爱在谷歌（google）上搜索所购商品的有关信息。虽然我想说"都已经买了"，但包括我自己，人们都是这样的。

2 顾客在购物后变得不安

购买了高额商品以后关注其广告，其实是有原因的。

“真的买对了吗？”

所购买的商品价格越是高，人们的内心越是不安。

虽然已经付款买下了，但如果有其他更好的商品，还是会觉得遗憾；最近还出现了一些新奇巧妙的欺诈，可不能疏忽，不要给人以可乘之机啊。

这种现象在营销理论中称作**“消除认知不协调”**。

为了消除“尽管买对了，但是消费太高”与“然而还是买错了”这两种令自己产生不安的认知，说服自己“的确是买对了，太好了”，人们在购物以后会频繁地关注所购商品的广告，阅读有关的报道。

发出“奔驰车真棒”的满意赞叹的朋友与仔仔细细地挑选并购买相机的我，其实内心里都在不安地想：“我真的买对了吗？”于是，为了消除认知不协调，便会继续看广告。

站在买方的角度看问题，很容易理解这种心理。

那么，改变角度，站到卖方的立场上，会怎样呢?

站在卖方的立场上，理解这一点也是非常重要的。

向顾客出售高额商品并非易事。

因为顾客很难被说服，他们不会轻易打开钱包。

要突破这些关碍，需要付出相当多的努力。

但将商品卖给顾客以后，认为对方“终于买了，现在去攻克下一个目标吧”，便马上将目标转至下一位顾客，则为时过早。

在考虑如何把商品销售给下一位顾客之前，应该想到已经进行了高消费的顾客正在为“所购商品是否物有所值”而感到不安。商品越是昂贵，售后的跟进就越是重要。因为**如果顾客消除了不安，觉得“我果然是买对了”，在之后他便将继续成为我们的顾客，继续购买我们的产品。**

因此，无论何种情形，对于这些顾客，我们都不能放手。

做生意不是卖出商品就完事大吉，售出其实也是开始。

梅赛德斯-奔驰公司（以下简称“梅赛德斯”）在这方面就做得特别好。

成为奔驰车主后，可以登录只有车主才能浏览的会员专用网站，在此对自己车辆的保养记录和行驶记录进行管理。

还可以加入只有车主才能参加的社群。例如，参加车主专属的环状道路体验活动或新车发布会等，也可以与其他车主展开交流。通过加入这些社群，获得“所购车物有所值”的满足感。

不只如此，还有对行驶距离达10万公里以上，或拥有汽车超过10年的顾客进行表彰的“车主表彰制度”，作为奖品赠予的特别的车标能够安装在汽车的前格栅处。二手车用户也在表彰范围内。这也让车主们觉得“长期拥有奔驰车真是件好事”。

此外，在安全方面，为购车3年以内的用户免费提供24小时、365天的援助服务，在车辆无法行驶时进行救助；而且提供门镜、空调等的免费修理服务……通过各种各样的方式让奔驰车主切实感受到“买这样的车物有所值”。

再来看某些国产车公司。以我所购的国产车为例，其公司在我购车后的5年间一直杳无音信，5年后却频繁地向我推销换购新座驾。二者的服务真是天壤之别啊！

奔驰车价格不菲，但梅赛德斯在顾客购车后即提供完善、周到的售后服务和支持，让顾客感到“高于期待”“买奔驰车实在是正确的决定”，从而成功地培养出持续性的粉丝般的忠诚顾客。

 不仅顾客选择商品，企业也选择顾客

我的那位朋友考虑再三，最后选择了奔驰，但其实也是奔驰选择了他。

我这么说，大概有人会想：“说反了吧，是顾客对商品进行选择吧？”

实际上，“企业选择顾客”的情形在这个世界上格外地多。

当我步入二十几岁的后半段，我曾独自前往京都旅行。我在那里停留了数日，经常在街头漫步。

“难得来一趟京都，就在祇园吃顿饭吧。”但我打开旅行指南一看，吃了一惊：无论祇园的哪家店，均“谢绝生客”。

祇园的店铺，如果没有熟客的介绍，就连进店都不允许。

也就是说，店铺选择客人。

如果无论是谁都能够进店，万一有人喝得酩酊大醉、大吵大闹的话，店铺的气氛就会毁于一旦。

京都的熟客是不会说“氛围不好，你们得想点办法”这

样不通人情世故的话的，他们会默不作声地离开，“去别的店吧”。

所以，祇园的店铺将不知底细的客人拒之门外，不放走那些熟客，将回头客紧紧地抓住，获得收益。这并非顾客做出选择，而是店铺挑选出有实力的适合自己的顾客。

店铺、公司就像这样主动挑选他们选定为目标的顾客。

例如，以前奔驰的主力车都是较大的高档车，其顾客以成功的经营者和医生、护士[①]为主，其定位是“乘奔驰的人=成功者”。

但在当今社会，环保、节能的小型车却极有人气。

于是梅赛德斯增加了新生代小型车的品种，让二十几岁的年轻人也能负担得起。新生代小型奔驰车的定位是“想要取得成功的人的座驾”，他们新锁定了普通的公司职员作为目标顾客。就像生产慢跑专用表的手表公司选择喜欢慢跑的人作为顾客一样，梅赛德斯将“想要取得成功的年轻的公司职员”选定为目标顾客。

---

① 在日本，做医生和护士收入很高。

4 在永旺购物中心销售奔驰？！

以前，超级高档的奔驰车的销售方式是将成功的经营者、医生、律师等高收入人士邀请至超一流酒店，身穿藏蓝色笔挺西装的男职员以高级香槟招待客人，优雅地招呼道：“请您慢慢欣赏。”大致都是这样售车的。

但小型车采取的并非这种销售方式。

梅赛德斯也以完全不同的方式销售小型车。

例如，周末在郊外的永旺购物中心，向手提塑料购物袋的父亲们进行推销。

我就曾亲眼看到过其销售过程：留着棕色秀发、看上去平易近人的年轻女职员们向人们招呼着“你好”，让人感觉十分亲切；她们向孩子们发放气球，招引众人。

目睹此情此景，我头脑中“奔驰车是在超一流的酒店里高雅地销售”的印象哗啦啦地分崩离析、支离破碎了。

永旺购物中心的会场陈列着各式各样的奔驰车，其中就有我朋友买的红色奔驰车，价格不到300万日元。

因为国产小型车的价格也得200万日元，所以这款车虽然不便宜，但并非贵得高不可攀。我突然觉得奔驰还是挺亲民的。

手提塑料购物袋的父亲们坐到驾驶席上，一边心满意足地嘟囔着：“啊，奔驰！下次就买它了！”一边用眼睛去瞄站在旁边的太太……

5 不售车的展厅

不仅在永旺购物中心推销，梅赛德斯为了更加广泛地覆盖客户，还开设了不售车的展厅。

走在六本木的街头，我发现了一家气氛不错的咖啡店。我最喜欢逛咖啡店了，毫不犹豫地走了进去。

可能因为是在六本木这个地段吧，客人中有很多外国人和打扮入时的男女模特。

我仔细看了看，与咖啡店相连的广阔空间里展示着多辆奔驰车。实际上，这间咖啡店是梅赛德斯经营的“梅赛德斯-奔驰概念店”。

在展厅看车，会有人招呼；在这里看，却没人会说什么。

这里还出售带奔驰标志的钥匙链、伞、T恤等杂货。在永旺购物中心给人以亲切感的奔驰，在这里更让人觉得亲切了。

正是中午时分，我盘算着去外面吃午餐，正巧看到咖啡店的楼上有家餐厅，便决定在此用餐。这里也是由梅赛德斯经营的。

我要了一份味道好吃且价格适中的意大利面条。

店内播放着轻音乐，墙上的大屏幕电视里播放着奔驰车行驶在环状道路上的情形及梅赛德斯在制作技术上如何精益求精的内容。世上几乎所有的男性都喜欢机械装置，店内的情侣中也有不少男性顾客紧紧地盯着屏幕。

离店时，经向展厅工作人员询问我才知道，原来这里的八成客人都不是奔驰车主。这里展示着梅赛德斯的全部车型，每周交替展出。

我对这家咖啡店的目标顾客有了大致的了解。

这是了解梅赛德斯-奔驰这一品牌的窗口。

由于小型化与环保车热潮的出现，梅赛德斯不断投入生产新一代小型车。

但另一方面，奔驰车留给人们的“高不可攀”的印象根深蒂固。

可能很多人去过丰田、日产的展厅，却未必去过奔驰的展厅，在人们心中，奔驰的门槛甚高。

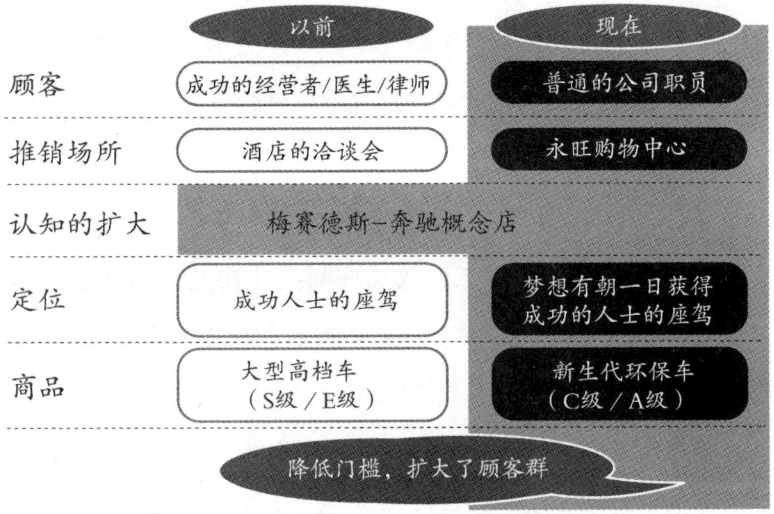

如此下去，即使生产了小型车，也很难扩大销量。

于是梅赛德斯在维持高档性的基础上**降低了门槛**。为了大大降低门槛，吸引更多人对梅赛德斯产生认同感，而开设了这样的咖啡店。

6 顾客是各式各样的

虽然统称为“顾客”，但在企业看来，顾客却并不是只有一种。

例如，顾客可以按照**忠诚度**来分类。

“忠诚”有“信赖”之意，顾客忠诚度即顾客信赖度。从这个角度来说，顾客是按照**“潜在顾客→预期顾客→新顾客→回头客→熟客→品牌拥护者”**的层级进化发展的。

·潜在顾客

被梅赛德斯选为目标的潜在顾客是“经营者、医生、律师”及“普通的公司职员”。这些人被认为具有购买奔驰车的潜在可能性。

·预期顾客

指潜在顾客中梅赛德斯实际接触过的顾客。例如，被邀请出席在超一流酒店举行的奔驰展示会的经营者们、在永旺购物中心试乘奔驰车的父亲们、在梅赛德斯-奔驰的概念咖啡店里对奔驰车表现得饶有兴趣的人们……

·新顾客

指初次购买奔驰车的人。购买了红色奔驰车而引以为豪的我的那位友人便属于这一人群。

·回头客

对奔驰车情有独钟，车用旧了会换购新奔驰车的人。

多次购车后，这些人即成为**熟客**。

而当他们上升为**品牌拥护者**后，便会向其他人推荐奔驰车。

忠诚度高的顾客能为企业带来极大的利润。

拿奔驰来说，它的回头客和熟客不会朝三暮四，再喜欢上其他公司的车，爱车用旧之后会换购新的奔驰。当他们进一步上升为品牌拥护者后，会如同推销员一般向自己的朋友们推荐奔驰。像这样，一位顾客终其一生为企业带来的价值叫作**顾客终生价值**。

例如，我朋友乘坐的红色奔驰车售价300万日元。假设他从三十多岁到七十多岁的40年间，一直拥有较高的忠诚度，5次换购相同的车型，则对于梅赛德斯来说，我这位朋友的顾客终生价值合计1500万日元。

300万日元×5辆＝1500万日元

如果他在四十多岁成为成功的经营者，可以买得起价格翻倍的奔驰车的话，其顾客终生价值也会倍增。

如果他上升为品牌拥护者，向熟人们推荐奔驰车，40年间，经他介绍有多人购买了奔驰车的话，其顾客终生价值则会进一步增长。

300万日元＋（600万日元×4辆）＋（600万日元×○○辆）
=极大的顾客终生价值

具有较高忠诚度的顾客增多，则企业利润也会大幅增加。

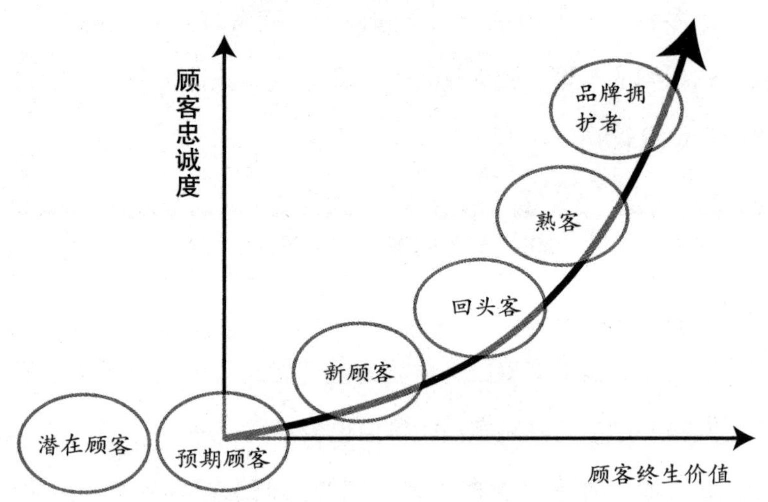

我们讲过："做生意，销售不是完结，而是开始。"这并非只是精神论。因为它最终关系到企业能否获取巨大利润。

销售之后，让顾客发自内心地喜爱你们公司的商品，将顾客发展成熟客乃至品牌拥护者，是非常重要的。商品售出之后，才更要不遗余力地做出努力啊！

7 顾客满意度公式

提高顾客忠诚度的唯一方法是不断地向顾客提供令其满意的服务。但是就算做到了百依百顺，顾客也还是会不满意。

要了解顾客满意的来源，我们需要回忆一下自己在什么时候会产生满足感。例如，我们是否有过因“享受到期待之外的意想不到的服务”而感到满意的体验呢？

我在休息日经常光顾一家旅馆。

平时，我都是乘巴士前往。有一次，到站下车后，我惊奇地看到旅馆老板站在那里。他对我说：

“我估摸着你快到了。”

这完全出乎我的预料，我高兴极了。

旅馆老板的这种做法让我产生了“下次再来”的期待。顺便说一句，这家旅馆在当地被评选为“顾客满意度最佳”。

顾客满意度按照下面的公式思考，会更容易理解：

顾客满意=提供的价值−预先期待

即**提供超出预先期待的价值，顾客就会感到满意**。

在此说一点题外话。最近，世间发生了很多违背人伦之事，也许就是因为伴侣间相互未得到满足而导致的。

8 品牌由顾客满意打造

品牌是由顾客满意打造出来的。

顾客不断被提供超出期待的价值，就会成为“品牌拥护者”。随着众多“品牌拥护者”的出现，品牌就被认知、打造出来了。

超过期待时顾客感到满意

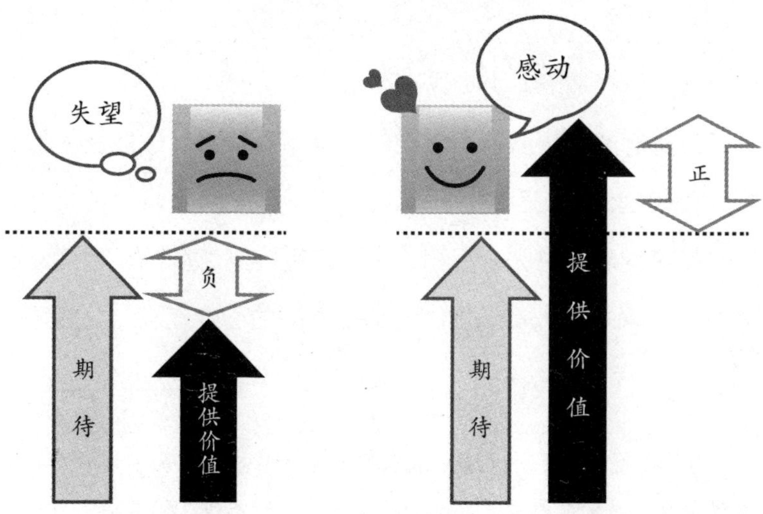

说到品牌，人们往往认为“不花钱就无法打造品牌”；但实际上，斥巨资打广告并不能创造出品牌。

我上大四的时候，通过就职活动①得到了日本IBM公司的录取通知。因为离毕业还早，又只是在IBM工作的学长口头承诺会录取我，我感到有些不安，就去咨询大学里负责就业的教授：

“我被IBM录取了，不会有问题吧？”

教授这样回答我：

“哦，IBM吗？那不会有问题的。”

直到那时，我才知道“IBM言出必行”，它在社会上深受信赖。

这种信赖是绝对用金钱买不到的。

只有靠“言出必行”之类的小事不断积累，才能在人们心中建立起这样的信赖感。

品牌的建立也完全相同，也是靠顾客满意度的积累建立起来的。如果很多人都认为“对某个商品的满意度高”，就能形

---

① 就职活动是指应届大学毕业生选择企业、参加企业宣讲会、参观企业、递交求职简历、参加笔试面试等一系列求职活动。

成品牌，成为**品牌资产。品牌资产是一种无形的顾客评价。**

要形成品牌资产，划定目标顾客也是很重要的。

但世间的人形形色色，如何从中划定目标顾客呢？

可以通过在第1章介绍过的价值主张的思维方式来划定目标顾客。

接着吸引目标顾客购买商品，并不断地提供令顾客满意的价值，就能形成顾客忠诚度，构建起品牌资产。

构筑品牌资产的步骤

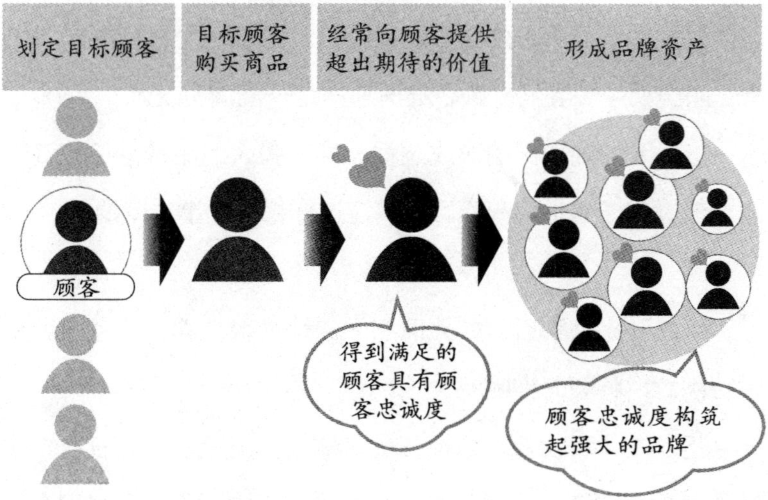

9 商家对品牌形成依赖，会导致品牌瓦解

在这一章，我们以奔驰广告为契机，对营销必须考虑的**“顾客”**和由顾客满意创造的**“品牌”**进行了一番思考。

树立品牌并非易事，毁灭却在瞬间。

这就好像钟乳洞里的钟乳石。

富含石灰的地下水经历几千年乃至几万年的漫长时间，一滴一滴地缓缓滴落，逐渐形成钟乳石，生成巨大的钟乳洞。

品牌就像钟乳洞，顾客的满意就是一滴滴石灰水。

与巨大的钟乳洞的形成过程一样，强大的品牌也是花费时间，通过脚踏实地地积累顾客满意这样微小的事造就的。

而在形成品牌后，如果商家一味地依赖品牌，不考虑顾客是否满意，将会怎样呢?

还以钟乳洞为例。如果石灰水枯竭，则无法生成石灰岩，钟乳洞就会逐渐塌陷。品牌也是如此，懈怠了积累顾客满意，就会渐渐地瓦解。

钟乳洞会因为巨大的冲击而瞬间塌陷。

在这一点上，品牌也一样。历时多年构筑起来的品牌也会由于某个惊天丑闻或内部人员的营私舞弊而辜负了顾客的信任，导致瞬间瓦解。很多公司都遇到过这样的事，苦不堪言。

我们首先应该思考向什么样的顾客提供价值，做出正确的顾客选择。然后针对这些顾客，不辜负他们的期待，并提供超越其期待的价值。品牌就是由这些微小的积累造就的。

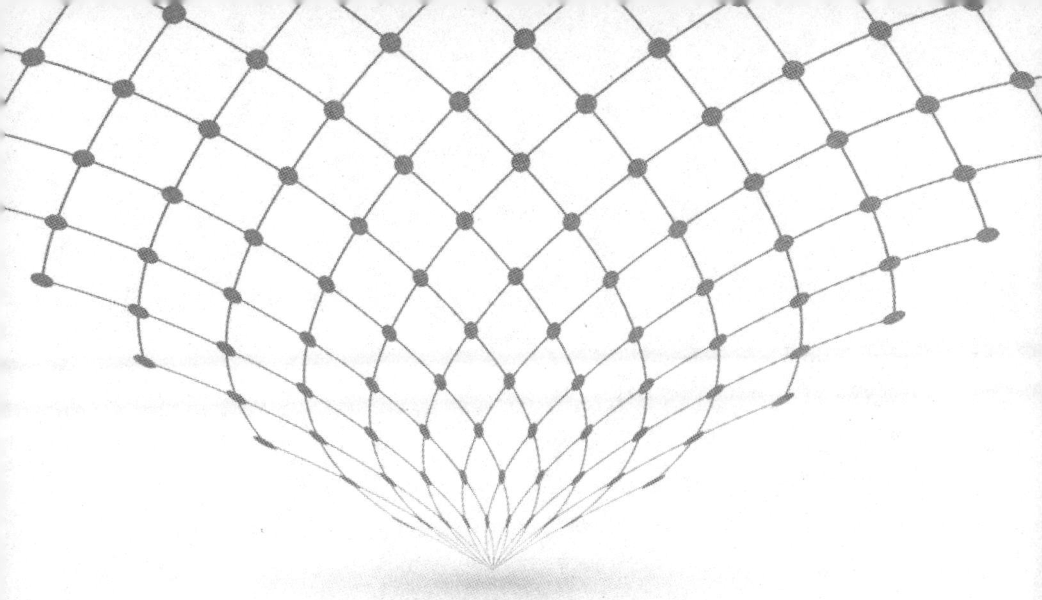

第3章

为什么在冰天雪地的北海道栽培芒果？

——“商品战略”与“顾客开发”

1 这种超大芒果来自严寒的北海道十胜地区

有一天，飘着小雪。

我在东京都的一家百货商场地下的水果专柜看到了超级巨大的芒果。

这种超大芒果比我们平时见到的大芒果还要大上几倍。

而且非常甜。

看上去就特别地好吃。

这极为罕见的芒果简直让人垂涎三尺。

当时，正值严冬。起初，我以为这是产自国外某地的芒果，但仔细一看标牌，上面写着“北海道十胜产，白银太阳”。我的脑子里满是问号。

当时，东京已经相当寒冷，毫无疑问，北海道的严寒更加无法想象，会是冰天雪地吧。这么冷的北海道，怎么会产芒果呢？

如果是在开足了暖气的暖棚里栽培，并非不可。但偏要在寒冷的北海道种植作为热带水果代表的芒果，着实让人摸不着头脑。

何况是在冬天最冷的时候，而且竟然长得如此巨大。

是不是搞错了？

我甚至想，会不会是九州或冲绳的某个地方的地名碰巧也叫“北海道十胜”，为了制造噱头，就给芒果起了这样的名字。

我又看了一眼价格标签，吓了一跳。

“3万日元？”

一个芒果卖3万日元！这个价格足够我整整一个月每天都吃咬牙从超市里买的芒果了。

2 十胜具备在严冬栽培芒果的最佳条件

一个芒果竟然要3万日元，都让人不敢轻易触碰了。

我立在闪耀着神圣光辉的超大芒果旁，转动着脑袋左看右看，一边观察芒果，一边思索："世上怎么会有这样的芒果呢？"

这时，卖水果的笑着过来招呼我。

"这比国外产的要好吃得多哦，这种熟透了的芒果味道醇厚。"

"这上面写着'北海道十胜产'。"

"是的，地地道道的北海道十胜产。"卖水果的笑着答道。

"冬季的北海道是怎么栽培芒果的呢？"

"感觉不可思议吧。在夏季，积雪冷却大棚；在冬季，十胜的温泉水温暖大棚。这让芒果产生了7月是冬季、12月是夏季的错觉。十胜的日照时间在全国都堪称顶级，冬季的温泉水与太阳光使芒果熟透，形成最佳的甜度和浓郁的口味。"

原来是这么一回事啊。

但我还是有搞不懂的地方：

“怎么会想到让芒果在这个时期上市呢？”

“芒果常被选作馈赠礼品。我以前就一直认为：‘年底如果有芒果，一定会好销。’因此，得知十胜栽培的芒果在这个时期上市，我高兴坏了。”

看来冬季的芒果有一种潜在的需求。

尽管如此，我仍心存疑问：

“芒果原本是南方的水果，是怎么想起来在十胜栽培芒果的呢？”

“这不太为人所知。十胜是个农业繁荣的地方，其粮食自给率达100%，在全国居于前列，这多亏了丰富的日照时间和富饶的自然条件。而且，自明治以来这里就是开拓地，积极致力于新型农作物的开发。当十胜人考虑‘栽培一些新的农作物’时，芒果的正宗产地宫崎的芒果生产者前来试探地询问：‘十胜的日照时间充足，又有温泉，可以在冬季种植芒果吧？’据说这就是十胜栽培芒果的契机。南方的宫崎芒果盛行，但冬季寒冷，是无法栽培芒果的。对于宫崎的芒果生产者来说，芒果在圣诞节出货是多年以来的梦想。”

听了卖水果的一席话，我终于明白了。

丰富的冰雪、暖暖的温泉水、充足的日照时间，有这些特殊的条件，再加上来自宫崎的经验丰富的芒果生产者的大力支持，寒冬的北海道十胜地区才能产出芒果，这样的芒果正如其名“白银太阳”。

不过，在宫崎的芒果生产者的眼中，十胜芒果的出现难道不是其在国内又多了一个有力的竞争对手吗?

其实，在这方面一点问题都没有。

宫崎芒果是春夏季出产，而十胜芒果是冬季出产，上市的时期不同，也就不会形成市场竞争。市场上整年都有芒果，带来了更多的顾客，也扩大了对芒果的需求。

就如在箱根，有雕刻森林美术馆、宝丽美术馆、MOA美术馆等众多的美术馆，看上去好像互相存在竞争。其实，如果箱根好的美术馆多了，来这个地区逛美术馆的游客数量就会增加。例如，有游客来雕刻森林美术馆参观，那么来宝丽美术馆的游客也会增多。

像这样，自己的顾客可以购买其他公司生产的同类商品，从而获得更高的价值，市场营销术语称这样的对手为互补生产者。

雕刻森林美术馆与宝丽美术馆即是互补生产者，上市时期不同的宫崎芒果与十胜芒果也是**互补生产者**。

因此，成功创造出“冬季吃芒果”新时尚的十胜芒果受到了宫崎芒果生产者的热烈欢迎。

十胜芒果看似是一种新型农产品的开发，实际上实现的是对在冬季吃芒果的**顾客的开发**。

3 十胜芒果面临的挑战不是“商品制造”，而是“顾客开发”

以前，并不存在冬季吃芒果的消费者。但十胜芒果颠覆了这一常规，开发出“冬季吃芒果”的顾客。

这是在商品开发的过程中一个非常重要的绝对不可排除的关键点。

提到商品开发，往往会以制造商品为中心来考虑。

但**商品开发的真正目的并不是制造出商品，而是开发出使用商品的顾客。**

经营学家德鲁克有一句名言：**“企业的目的在于创造顾客。”**在商品开发时，正应该考虑作为企业本来目的的顾客开发。

也许有人会说：“开发顾客是销售的工作。我的工作是开发商品，而非销售商品。”

这种说法是错误的。

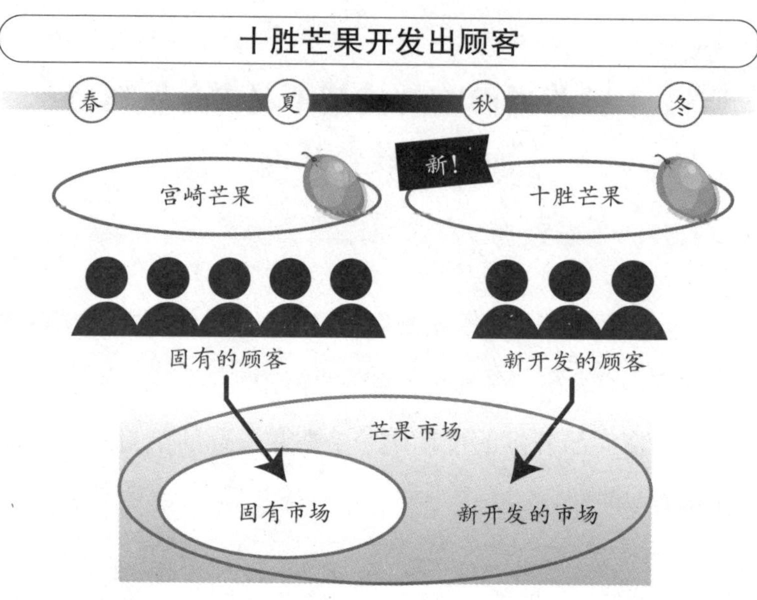
十胜芒果开发出顾客
春
夏
秋
冬
宫崎芒果
新！
十胜芒果
固有的顾客
新开发的顾客
芒果市场
固有市场
新开发的市场

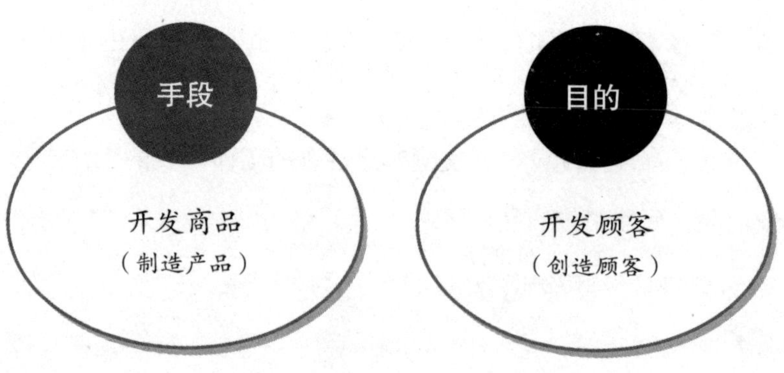
开发商品的目的是开发顾客
手段
目的
开发商品
（制造产品）
开发顾客
（创造顾客）

开发顾客不仅仅是销售的工作。

开发顾客、提供价值是公司全体人员的工作。

的确，关于开发商品，人们往往认为首先要使商品成形。但实际上，开发商品是与开发顾客密切相关的。

对**“变革”**做一番思索,就能很好地理解开发顾客的重要性。

“变革”这个词在字典中的第一个释义是“技术革新”，因此，我们常常认为变革即指新技术。但作为英文“变革”一词的日文译法，这种解释未必正确。

其实，“变革”本来的意思是创造出价值，给社会带来变化。

例如，iPhone（苹果手机）是将当时已有的各种技术组合在一起制作而成的，它使“智能手机”这一新事物得以普及，开发出各式各样的新兴顾客，是一种极大地改变了世界的变革。

十胜芒果也是一种变革，它开发出“在寒冬吃热带水果”的顾客。

那么，想像十胜芒果一般成功地开发商品，该如何做呢?

关键是建立以顾客需求为中心的思考模式。

我们在此列出三种思考模式，更有助于您理解：

1. 捕捉顾客自己也未察觉到的需求。→成功

2. 以商品为中心进行思考。→失败

3. 对顾客言听计从。→失败

4 捕捉顾客自己也未察觉到的需求

要想让商品开发取得成功，开发顾客必不可少。为此，需要从一开始就捕捉连顾客自己也没有察觉到的需求。

过去，在美国，“口臭”这一概念并不普遍。

但口臭却让很多人苦不堪言。

难得在见面前就让人产生了不错的印象，但实际见面了却被发现有严重的口臭，则一切都功亏一篑。

于是，李施德林提出“口臭导致人际关系的恶化，让我们来预防口臭”的口号，开发出认为“虽然自己闻不到，但说不定自己就有口臭，给别人带来了麻烦”的顾客，李施德林漱口液因此在全世界大获成功。

说起口臭，我在公司做小职员时曾有过这样一段经历：

当时，作为我上司的部长不但人品极佳、诚实可靠,而且工作能力也很强，但他有一个极大的缺点，就是口臭。他一张嘴，就发出一股臭鱼般的恶臭；他一笑，口臭就蔓延得更远。甚至有同事私下说：“部长的口臭实在让人难以忍受，我们可千万别惹他笑啊。”

全公司只有一个人对部长有严重口臭一事一无所知，这个人就是部长自己。就这样，部长散发着口臭，却幸福、安心地坐在部长席上笑容可掬。

像部长一样有严重口臭的人是觉察不到自己有口臭的。

李施德林就是将“口臭者意识不到自己具有口臭问题”这一常见现象与商品开发联系在一起，制造出预防口臭的“妙药”——李施德林漱口液，开发出“想要预防口臭，给别人留下好印象”的顾客。

现在想想，如果当时悄悄地在部长的座位上放置一瓶李施德林漱口液就好了。

在此，我还想介绍另一个通过捕捉顾客没有察觉到的需求而开发出顾客的有关气味的事例。

人在上了年纪之后，会散发出一种独特的气味。与口臭一样，这种气味本人是感觉不到的，而且在以前，也几乎没人会注意自己是否散发出了这种气味。

化妆品行业和制皂业把这种气味命名为“加龄臭”，制造出香波、香皂、辅助食品、化妆品等各式各样的预防加龄臭的商品。

结果开发出“上了年纪也不想有老年臭”的顾客，这些商品大获成功。

我将刚才所讲的内容归纳为下图：

成功的商品开发挖掘出顾客

顾客自己没有察觉到的需求	开发的商品	挖掘出的顾客
想在严冬时节吃到或赠送热带水果	十胜芒果	在圣诞节时期、年末年初赠送或吃芒果的人
不想因口臭破坏自己的人际关系	李施德林漱口液	想通过预防口臭给对方留下好印象的人
不想被周围的人察觉到自己具有老年人特有的气味	预防加龄臭的商品	介意自身气味的年长者

像这样，找出顾客自己也未意识到的需求，开发出满足该需求的商品，从而挖掘出顾客，才是商品开发应有的过程。

归根结底，**主角是顾客，商品只是配角**。明白这一点是很重要的。

但一说起“商品非主角”，就会出现这样的反驳论调：

“这种说法不对吧？因为有的公司就是专注于商品研发并取得了成功。”

确实，有的公司彻底追求商品研制，并且获得了成功。史蒂夫·乔布斯健在时的苹果公司就是这样。

苹果发布新商品时，商店里彻夜排起长队。

乔布斯以“不听从顾客的意见”著称，正因如此，很多人认为“商品唱主角是OK的”。

何谓与开发顾客相关的商品开发？

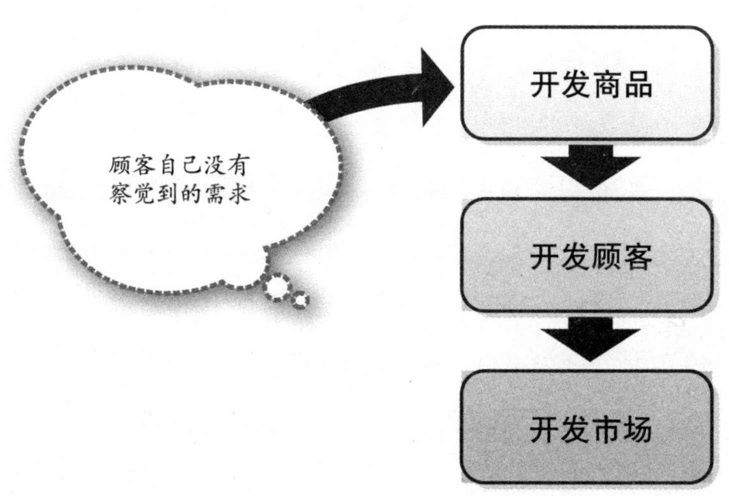

5 以商品为中心进行思考，必将导向失败

就在不久之前，手机还极其厚重。

顾客们希望“做得更薄一些”，于是制造商们把手机越做越薄。

现在，最薄的新款智能手机的厚度还不到5毫米，手机制造商们却依然在为零点几毫米之差相互竞争，将手机有多薄作为卖点。虽然对于顾客而言，零点几毫米的差别几乎没有意义，但手机制造商们还在努力将手机做得更薄，希望以此来吸引顾客。

起初，手机制造商们是为了满足顾客的需求而将手机做薄的，但不知不觉地，却撇开顾客，陷入了手机规格上的竞争。

类似的情形还出现在曾经风靡一时的3D电视的开发上。能看到立体画面的电视充斥了家电卖场，电视频道也曾播放3D电视节目。

但观看3D节目需要戴上专门的3D眼镜，如果没有这种

眼镜，就只能看到模糊的双重画面。顾客们的心理尚未达到想戴着眼镜看电视的程度，结果，3D电视渐渐地退出了人们的视线。

这样的商品开发就是**以商品为导向**。

主角不是顾客，而是商品。**忘记了商品开发的目的是“满足顾客”，而将原本只不过是手段的商品研制当成了目的**。这样的商品，顾客没有购买的理由，因此大多会失败。

这就像有些男士仅凭自己的兴趣爱好购买礼物送人，他们认为“送这样的礼物，自己憧憬的女神一定会开心”，殊不知对方的兴趣爱好未必和自己的一样。

但商品开发团队却无法理解商品不畅销的原因，他们发誓：“下次要制作出更好的产品！”如此反反复复。据说商店里的售货员看一眼新商品便能知道“这种商品绝对没有销路”，因为他们每天都在和顾客打交道。

20～30年前却是另一番情景。

制造商想要“制造好的商品”，制成的产品也都卖得不错。

那是因为从前，技术不似现在这般先进，市面上的产品大都性能较差且尺寸庞大，所以只要制造出画面更加漂亮或更为小巧的产品，便会有销路。

但那样的时代早已一去不复返了。当今时代，即使是便宜的商品，其性能也足够好，所以若非顾客真正需要的商品，是不会有销路的。

以商品为中心研制的商品没有销路

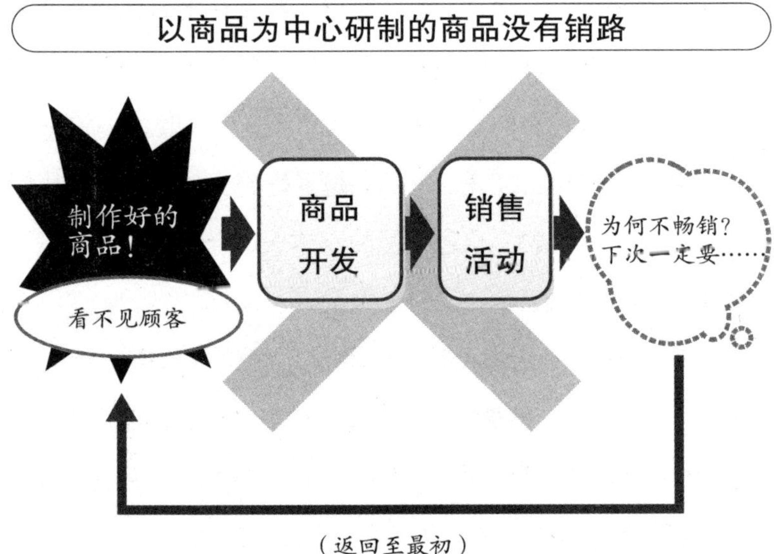

商品开发的出发点是考虑顾客需要什么。

这一点至关重要，所以再重复一遍：商品开发中的主角是顾客，商品只是配角！

那么，既然主角是顾客，是否就要对顾客所说的一切都言听计从呢?

要是这样的话，倒还算简单。虽然顾客的要求多种多样，其中也会有无理的要求，但从能做到的做起，似乎也不难办到。

但实际上，这样做也是不行的。

6 对顾客言听计从，必将导向失败

请你们想一想家里的电视遥控器。

如果你正好在家，可以拿起遥控器看一看。

大概对上面有几个按键，哪个按键起什么作用都搞不清楚吧。

我也一样。

我家的电视遥控器的按键下方标着“副声道”“字幕”“1/3倍速播放”“跳跃30秒”……还有好多按键不知有何用途。因为对大部分按键的功能一无所知，我只用电源开关按键和调节目的频道按键。

因不断满足顾客的一切要求，电视遥控器变得一团糟，越来越难用。

如果电视销路不错倒也无妨，但无论哪个电视制造商销售的电视都是相似的，只是价格不同，而且日本的电视制造商受到便宜的中国产与韩国产电视的排挤而陷入价格战，都处于困境之中，没有多少利润可言，甚至有的制造商开始考虑放弃这个行业。这就是“对顾客言听计从”导致的穷途末路。

反之，也有不对顾客言听计从而大获成功的事例。

大家还记得“电子宠物蛋”的热潮吗？这款游戏在全世界售出了4000万个便携型可饲养宠物。

宠物蛋游戏现在仍然流行，许多人养育有仅属于自己的宠物蛋。饲养最新式的宠物蛋，可通过智能手机连接遍布大街小巷的触摸站点，获取宠物蛋的饭食、零食、衣服，甚至优惠券；还可以让宠物蛋们通婚，让它们生育小宝宝。

宠物蛋问世已有二十多年了，其热潮长久不息。

它刚盛行的时候，我在电视里看到这样一个场景：

节目演播厅里，男女演员正在交谈。正聊到兴头上，女演员却突然打断了男演员的话：“啊，请稍等一下。”她从手包里掏出一件东西，一边摆弄一边说，“我得给宠物蛋喂食。”

宠物蛋刚问世时，对其饲养就像这样，在日本全国掀起了一片热潮。

据说，当时有顾客向宠物蛋的销售人员提出“希望能安一个暂停键”。不错，在人忙碌的时候宠物蛋想要进食，是挺让人为难的。电视节目还可以将此作为噱头吸引观众，但如果是在公司里开着会就去给宠物蛋喂食，一定会被上司斥责的。

然而，负责开发宠物蛋的人却答复道："宠物本来就不会听主人的话。"并没有满足这个要求。他们坚持"照管宠物具有繁杂性"这一理念，没有增加暂停键。

宠物蛋取得爆发性成功，并至今畅销不衰，就是因为它彻底坚持这一理念。如果听从顾客的要求，加入了暂停键，其商品理念就会变得模糊不清，说不定早就销声匿迹了。

7 帮助你脱离"商品导向"陷阱的神奇咒语

在本章中，以**"商品开发"**为主题，介绍了商品开发的目的其实是**"顾客开发"**，还论述了不知不觉中将作为手段的商品开发替换成目的所导致的可怕后果。

我也曾从事过商品开发，对此深有体会：在商品开发的现场，因为时刻将开发商品置于脑中，往往在不知不觉中将顾客彻底忘在一旁，以商品为中心进行思考，陷入商品导向之中。

有两句神奇的咒语，可以帮助我们脱离商品导向的陷阱：

"顾客究竟是谁？"

"这对顾客来说有什么好处？"

在商品开发中碰壁时，这两句话能为我们带来暗示。

它们可以在我们陷入商品导向的陷阱时帮助我们想起不经意间迷失的初始目的——顾客开发，可以让我们在进行商品开发时，脑子里始终装着顾客。

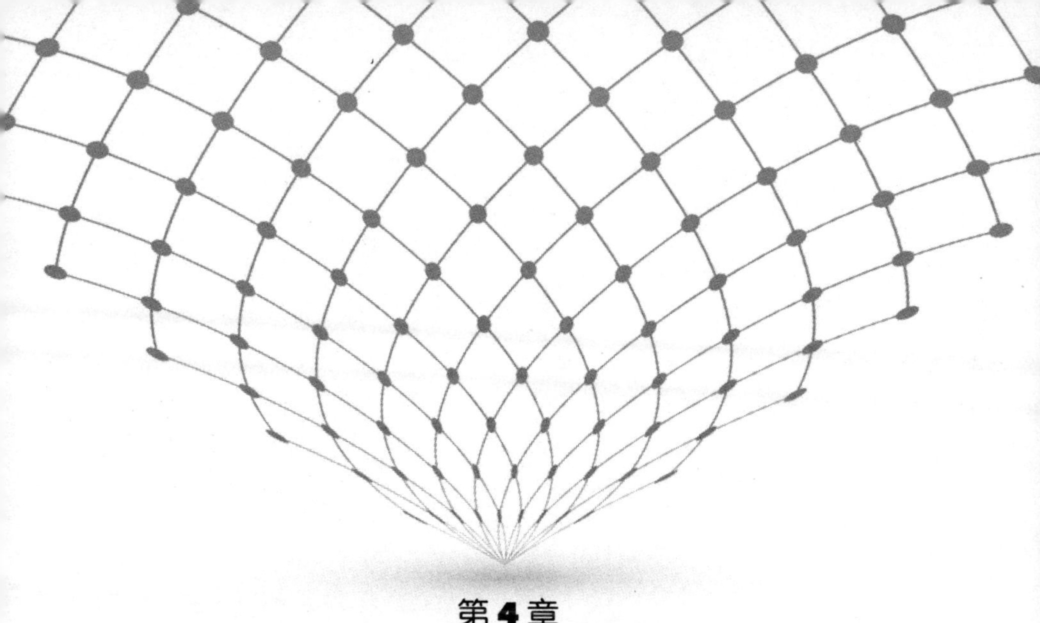

第4章

为什么顾客排长队的布丁店会亏损？

——“价格战略”

1 物美价廉却亏损的布丁店

傍晚，布丁店门前又排起了长队。

这里地点偏僻，交通不便，四周几乎没什么建筑物，但顾客们却瞅准了下午5点的开店时间前来排起了长队。

5点，准时开店。

150日元1个、每天限量销售200个的手工制作的布丁卖得可火了。

有的人一次就买了20个。

店长独自一人手脚利落地招呼着顾客。

我排在队列后面，非常幸运地买到了最后一块布丁。

瞬间就售罄了。

排在我身后的一位身穿西装的男士遗憾地嘟囔了一句："这就卖光了？"

我是慕名来排队的，没想到这么幸运。晚饭后，我把它当甜品拿出享用，十分美味，这价格太划算了。妻子也高兴地说："好吃！你真会买东西。"

不可思议的是，这家店是隔天营业的。而且是傍晚开店，瞬间售空，卖完即关店。

那位店长平时是干什么的呢？

说不定是哪个公司为了做市场调查，不计得失开了这家店。实际上，有很多企业为了观察消费者的反应，都会限期开设一家试营店来销售商品。这些试营店会突然关闭。要真是这样的话，我妻子就空欢喜一场了。

有一天，我正在过马路，无意间瞟了一眼停在路边的卡车，却见坐在驾驶席上的正是店长。那不是店里的卡车，而是配送用的卡车。

“店长没在做布丁，这是在干什么呢？”

转天傍晚，店门前又排起了长队，200个布丁又很快卖光了。待顾客散去后，我向早早地张罗着关店的店长问道：“昨天您是不是开着一辆卡车？”

“啊！你都看到了啊？其实……”一直沉默寡言的店长打开了话匣子，萦绕在我内心的谜团一下子就解开了。

“我是工厂的工程师，但是我喜欢布丁，我想制作全世界最好吃又便宜的布丁，于是自己摸索着学习制作并开了这家店。”

“您的布丁卖得也太便宜了。”

“我在工厂的工作就是削减成本，所以减少成本是我的拿手绝活。我虽然对食材格外讲究，但在其他方面却格外算计：这里租金便宜，免费提供给顾客的装布丁的袋子也是超市卖的那种非常便宜的塑料袋。”

“有这么多顾客排队购买，真了不起啊！”

“顾客们总是遗憾地想：‘已经卖完了？’其实我觉得每天能卖掉现在的两倍——400个。但我雇不起人，我自己即使从大清早开始就不停地做，最多也只能做200个。”

“那您为什么还要开卡车呢……？”

“其实我一直是亏损经营的，所以才开卡车填补亏空。”

原来在卖150日元的布丁背后是店长默默付出的不为人知的努力。我不禁问道：

“您为什么每个布丁只卖150日元呢？”

店长笑答：“手工制作的布丁再便宜也在200日元左右。以前我在超市里看到过卖150日元的，所以我就想：‘我就按每个150日元来卖这好吃的布丁吧。’”

店长显得非常疲惫，但也许是“以我之所好博顾客开心”的兴奋感在起作用，他面带悦色：

“我希望提供物美价廉的布丁让顾客开心。虽然赤字连连，也不得休息，但这样做是值得的！”

我佩服店长所做的努力，却又禁不住想：“嗯，一定是某个环节发生错误了……”

是价格战略的问题。

2 弄错价格导致公司倒闭

店长想要“制作世界上物美价廉的布丁”，首先制作出每个卖150日元的布丁，吸引了很多顾客专程前来排队购买，这是很了不起的。

问题出在只图便宜，忽视了利润。

如果你也认为“即使做出牺牲，也要努力按照超市的低廉价格提供布丁”的话，就需要引起注意了。

公司存续需要金钱，处处都要用钱。

以这家布丁店为例，店铺的租金、煤气水电、制作布丁所需的原材料鸡蛋和牛奶都需要花费金钱。还有一个不能略过的是店长的人事费。店长并非圣贤，为了生存，也需要金钱。

但金钱不是无穷尽的。公司的金钱在支付了销售所需的费用之后，剩余的金钱即是利润。如果利润所剩无几，公司就会破产倒闭。无论顾客有多开心，如果公司剩不下利润，生意就无法维持。

利润是从销售额中扣除成本以后的结余。

利润=销售额-成本

成本是为了提高销售额而花费的一切费用的总和（会计学上将成本分为材料原价、一般管理费等，本书为了简化，全部归纳为“成本”）。

据此，我们来看看店长开的这家店，因其成本大于销售额，而导致亏损。

他的确彻底削减了多余的成本，但还是亏损，只好靠开卡车来填补亏空，顾不上休息，这样强撑的局面是难以持续的，早晚会拖垮身体。到那时，布丁店就得关门。而且最大的问题是不管如何努力也难以改变这种局面。

遇到这种情形，我们往往会想：“成本的削减已达极限，价格也不能降得更低了，已经别无他法。”

这是不对的。

将成本视为与价格完全不同的他物，就能找到解决方案。

简言之，就是**“成本乃事实，价格乃战略”**。

降低成本需要不懈地努力。

价格却可依战略而改变。不仅有廉价售卖的战略，也有高价出售的战略。

店长应该从市场营销的观点出发，**仔细思考价格战略**。

3 设定价格的两种方法

价格战略的第一步是设定价格。

设定价格有两种具有代表性的方法：成本基准型的价格设定（以下简称**“成本基准型”**）与价格基准型的价格设定（以下简称**“价格基准型”**）。

① 成本基准型

这种方法是首先考虑“想生产一件这样的商品”，对成本进行估算，再将利润加在其上决定价格。例如，以80日元的成本制作商品，加上20日元的利润，则商品价格定为100日元。

这种方法的优点是能够简单地确定价格，因此被广泛运用。其缺点是没有考虑其他公司同类商品的价格。而现今的顾客对其他公司的商品的价格也了如指掌，所以，如果顾客觉得按照这种方法确定的价格“偏高”，就会产生质疑，商品就不好销。

② 价格基准型

布丁店店长决定价格的方法即是这种。这种方法在最近比较引人注目。

它与成本基准型相反，是按照“以150日元销售美味布丁”的预想来决定价格与价值，然后从中扣除利润，在剩余的成本范围内制作商品。

其优点在于以顾客视点确定价格，比较容易照顾到顾客的需求；缺点是在成本范围内制作商品较为困难。

那么，让我们来看一看店长到底错在何处。

店长首先考虑“提供价格为150日元的美味的布丁”。此时，下一步应该考虑从价格中减去利润，运用剩余的成本来制作布丁，然而店长却在此处出现了差错。

呈现亏损说明他在这个阶段根本没有考虑利润。而且他也没有将自己的人事费计入成本，而是靠另外去做卡车司机来维持生计。

本来应该在确保利润与自身人事费的基础上销售布丁的，但店长却没有做到这一点。也就是说，店长用价格基准型设定价格时出现了破绽。

设定价格的两种方法

1.成本基准型的价格设定

想制作这样的商品

商品

要花费这些成本

成本

想要这么多的利润

利润

就以此价格来销售

价格

2.价格基准型的价格设定

想制作这种价格的这样的商品

价格

想要这么多的利润

利润

就以此成本来制作

成本

商品完成了！

商品

所以尽管忙得顾不上休息，却依旧陷入了持续亏损的体力消耗战。

在日本，有很多公司都陷入布丁店店长这样的状况中。出于“为顾客考虑”的想法，一味地削减成本，压缩人事费，采取廉价销售的战略，这样最终是赚不到钱的。

还有一个大问题：即使顾客排长队，还是有人买不到。

“顾客排起了长队，布丁也售罄了，这岂不是万事大吉吗？”

这只是卖方的想法。

顾客“想吃这家店的布丁”，花了很长时间排队，然而并非所有顾客的需求都能得到满足。

店长说：“每天虽然能销掉400个布丁，但制作200个已经是极限了。”也就是说，他失去了多卖200个布丁的机会。这在营销中称为机会损失。

也许有人会想：“为什么是损失呢？他什么都没有失去啊。”

假设可以准备400个布丁的话，没买到的客人能够顺利入手，店长也能够多获得200个的销售额。正因为没有预备400个布丁，才二者皆失。这就是机会损失。

机会损失是肉眼看不到的。站在卖方的立场来看，将商品售光是一件很爽的事，所以很难察觉到机会损失。

问题在于以下两点：

1. 彻底削减成本，却无法摆脱亏损。

2. 顾客众多，生产却跟不上，造成每日有200个布丁的机会损失。

4 “我的株式会社”的菜为什么超级便宜?

销售商品时，如果是像店长那样采用价格基准型来定价，就需要在规定的成本范围内，思考如何筹措制造产品。

以价格基准型定价而获得成功的事例是存在的，例如以“我的法国菜”“我的意大利菜”著称的“我的株式会社”。

在高档的法国餐厅一盘卖3000日元的菜在这里却仅仅卖600日元。

在这里，可以以绝对低廉的价格吃到高档的食材。

同时，店铺也是获利的。

其秘密就在于“翻桌数”。

翻桌数是指在一天当中，店里的客人替换了多少次这样一个数字，用一天的到店总客数除以店内的坐席总数即可算出。

在高档的法国餐厅，4人坐席有时一晚却只有2人入座，其翻桌数是0.5。而“我的株式会社”，无论是哪家店，1天的翻桌数都在3以上。

为了能让更多的顾客进入窄小的店内用餐，并做到快速替换，“我的株式会社”通过引入站立用餐的方式来提高翻桌数。所以它的总销售额高于高档的法国餐厅，即使以惊人的低价提供一流厨师烹制的高档食材，仍然能够盈利。

我们来对价格基准型做个整理吧。“我的株式会社”首先是以低价提供高档的法国菜，在确保必要利润的基础上，再考虑如何以剩余成本来供餐。其答案便是“翻桌数”。为了实现高翻桌数，采取了立食的战略，即让顾客站着用餐来增加顾客流量。

“我的株式会社”如果在其他方面和高级法国餐厅一样，只靠降低价格来硬撑，是不会持久的。这家店不做牵强的努力，选择以低廉价格供餐来取代让顾客们坐下慢慢享用。结果，虽然价格低廉，却仍然获利，走出一条使生意兴旺持续的道路。

而布丁店的店长无休止地硬撑着，虽然其努力难能可贵，但却很快就达到了极限。

5 以每个150日元售出2倍的商品，算成功吗？

如果布丁店店长重新审视其价格战略的话，是能够解决不利局面的。

有两种方法可以选择。

一种方法是一如既往地采取以每个150日元销售的策略，同时确保利润与人事费。

事实上这并不难做到，因为每天出现了200个布丁的机会损失。

如果雇佣小时工制作2倍于目前数量的布丁（400个），消灭机会损失的话，就能产生利润（见下图）。从会计的角度看，这样可以消灭赤字，能给以及格分。

但从营销的角度看，这么做只能得30分，仍然不及格。

价格是向顾客传递的一个重要信息。

当人们听闻“150日元的布丁”，会产生“真便宜”的印象。

这样一来，布丁的味道再鲜美，仍然是“便宜”抢了风头，成为其主要特征。冲低价前来的顾客会多于冲味道而来的顾客，布丁很难摆脱“廉价之物”的形象。也就是说，将布丁价格定为150日元，其实是在故意降低“美味”的品牌价值。

店长想要“制作世界上最美味且价廉的布丁”，而开设了布丁店。但从营销角度看，“价廉”与“质优”的品牌很难兼顾。

布丁店的价格战略之一：销量翻倍，实现盈余

	现状 以每个150日元的价格销售200个	**改善对策之一** 以每个150日元的价格销售400个	
1天的销售数量	200个（每月2000个）	400个（每月4000个）	销售量变2倍
销售额（月）	30万日元	60万日元	销售额变2倍
成本（月）： 原材料 房租／电、气／水 人事费（店长） 人事费（小时工） 合计	 5万日元（25日元／个） 15万日元 20万日元 ——— 40万日元	 10万日元（25日元／个） 15万日元 20万日元 10万日元 55万日元	录用一名小时工
利润	−10万日元	＋5万日元	盈余化

（因为是平日里隔天营业，所以设想每月共营业10天）

例如，优衣库以“价廉”为武器，业绩得以扩大，但有一个时期，它转换成重视品牌的路线，提高了价格。

然而，顾客们无法改变“优衣库＝价廉”的品牌印象，纷纷远离，导致其业绩一落千丈。最终，优衣库不得不回归低价路线。

“价廉之物”归根结底还是被看作“便宜货”。

店长的布丁与超市里卖的布丁价格相同，品质再佳，也会被视作与超市里卖的布丁是一样的，新引来的都是那些购买超市里廉价布丁的顾客群。

店长将“150日元且美味好吃”作为卖点，这等于是在大声宣扬“想买便宜货的顾客你们快来”。如此下去，“价廉”的形象根深蒂固，如果别处出现了更便宜的布丁，顾客们就会很快被抢夺走。

由此可见，从营销的角度来看，应该停止突出布丁的价格低廉。

“价格昂贵却无比美味的布丁”战略

我建议的是第二种方法，以此去实现店长最初的考虑——制作“全世界最美味的布丁”。例如，制作“每个售价500日元的无比美味的布丁”。

从会计的角度将此价格战略加以整理，即为下图。

布丁店的价格战略之二：制作无比美味的布丁

	现状 以每个150日元的价格销售200个	**改善对策之一** 以每个150日元的价格销售400个	**改善对策之二** 以每个500日元的价格销售200个
1天的销售数量	200个（每月2000个）	400个（每月4000个）	200个（每月2000个）
销售额（月）	30万日元	60万日元	100万日元
成本（月）： 原材料 房租／电、气／水 人事费（店长） 人事费（小时工） 合计	 5万日元（25日元／个） 15万日元 20万日元 ——— 40万日元	 10万日元（25日元／个） 15万日元 20万日元 10万日元 55万日元	 50万日元（250日元／个）◀十倍于原来成本的材料 15万日元 20万日元 ——— 85万日元
利润	−10万日元	＋5万日元	＋15万日元 ◀盈余化

（因为是平日里隔天营业，所以设想每月共营业10天）

在整个成本中，即使原材料的价格上涨，店铺租金，电、气、水费，人事费等也是不变的。因此，如果将价格定为每个布丁500日元，就可以在原材料费上多花费一些。在图例中，将原材料费定为每个卖150日元的布丁的10倍。

如此一来，就可以采用最高档的鸡蛋、牛奶、糖、香草等原材料。以店长的手艺，把大量钱花在食材上，说不定就真的制作出全世界味道最棒的布丁了呢。

从营销角度来说，当顾客购买150日元的布丁时，他们会觉得“别看才卖150日元，还挺好吃的”。

而价格为500日元的布丁却能为顾客提供“品尝最美味布丁”的体验。

这种体验是无法从其他地方获得的，因此这家店的布丁有可能成为品牌。

要让顾客产生品牌体验，还需要有一个能让人耳熟能详的品牌名。例如，店长是工厂打工出身，故而可以起“布丁工厂”之类的名字。

而且，还要编撰一个品牌故事，来传递“布丁工厂”的布丁好吃的理由。

例如，大量使用店长精心挑选的高档食材，按照独门配方长时间蒸制而成，口感绝妙，味道醇厚。

还可以说精选了最高档的名古屋油鸡产的鸡蛋、从岩手县天然放养的泽西牛挤出的牛奶、产自大溪地的有机栽培的香草豆和有机糖等顶级食材……

布丁店的品牌战略

	销售商品 以每个150日元的价格销售400个	**销售体验** 以每个500日元的价格销售200个
销售的商品	"只卖150日元却好吃"的商品	"品尝无比美味的布丁"的体验
品牌名	（没有特别考虑）	布丁工厂
品牌故事	（没有特别考虑）	传递布丁为什么如此好吃的相关信息
汇集的顾客	目标放在价格的低廉上，重视便宜货	无论如何都想吃到美味的布丁，不介意价格
顾客忠诚度	低	高
经营稳定性	低	高

如果对“品尝布丁工厂生产的无比美味的布丁”这种体验感到满意的顾客有所增加，就能逐渐地创造出“布丁工厂的布丁无比美味”这一强大的品牌。排队购买这个品牌的顾客不是根据价格低廉来选择商品的；对于这一品牌，在第2章中介绍过的顾客忠诚度也较高。

可见，站在营销角度考虑价格战略，经营才会稳定。

7 价格战略的其他思维方式

至此，我们是以改变售价为中心来考虑价格战略的，而要使布丁店生意兴隆，从营销的角度看，还有很多其他的价格战略。就让我来介绍其中的几个吧。

① 装饰配料

你是否曾在冰激凌店被问过："要装饰配料吗？"被这么一问，也许有的人就会要求配上些什么。仅仅是几成顾客要了装饰配料，其销售额便不可小看。而且装饰配料的成本很低，利润率极高。

布丁店也是一样，稍微花上一点工夫在布丁上配以巧克力、水果等装点，就能达到和制作新商品同样的效果，能够增加销售额与利润。我们将其称作**可选商品的价格设定**。

仔细观察一番，不难发现这种价格设定无处不在。例如，在健身俱乐部，对使用更衣柜、毛巾都是单独定价的。

"附加价值"听起来好似是件了不起的事，其实一点点小事也可以产生附加价值。这种价格战略在实质上提高了单价。

② 开设布丁课堂

还有一个方法是店长向喜欢制作布丁的人发放开设布丁课堂的通知，在白天不营业的时候举办布丁制作方法的讲座。

如果采取每次两小时收5000日元的价格战略，只要有5个人来，就会有25000日元的销售额。

如果将课堂设在店里，则连场地费也不需要。食材也是现成的，成本微乎其微。把销售的布丁是怎么制成的向顾客加以说明，则客人们会有一种身临其境的感觉，店长也能有效地运用闲暇时间。

这样的话，销售额的大部分都是利润，那可比开卡车赚钱多了，也能够扩大“布丁工厂”的粉丝。

③ 先卖配方后收费

如果店长拥有制作布丁的独门绝技，也可以为自己的独传配方定价，向同行们提供持续性指导，并将配方卖给他们。

但是，如果是提供配方一次性换取学费的话，就太可惜了。在此，建议向学艺的店铺收取其所售布丁销售额的百分之几作为学费。可以允许学艺的店铺赚了钱再付费，则学艺店铺的开业费用可得到削减。

店长只需教授一次，之后仅适当给予建议即可，而学艺的店铺不停地销售布丁，店长就不断有收入进账。

如果被指导的店铺不断增加，就可将此培养成一个稳定的生意来做。技术水平高的店铺，可以允许它作为“布丁工厂”的姐妹店，也使用该品牌，只要再额外收取品牌使用费即可。

这样的话，店长无需再为筹款奔波，更重要的是，他那“让更多的人品尝到全世界最美味的布丁”的最初的愿望也能够实现。

如果将上述三种基于营销的价格战略组合在一起全部实施，这家布丁店就有可能转化为高收益的商业。

8 价格战略即商业战略

在本章中，对**“价格战略”**进行了介绍。

重点在于**价格如何因战略而改变。**

以最低价销售是战略；反之，以最高价销售同样是战略。

以最低价销售的事例，如“我的株式会社”以绝对低廉的价格提供高档法国菜，在不削减利润并确保利润的基础上，绞尽脑汁地思考如何利用剩余的成本供餐。

高价销售的例子则有“每个卖500日元的布丁”，开动脑筋苦思冥想如何创造出高价值来满足顾客的需求，为顾客创造品牌体验。

此外，还可以提供装饰配料、开设布丁课堂、出售销售配方等。开拓思路，就能想到种种增加收益来源的战略。

如果不充分考虑价格战略，“因为超市的布丁卖150日元，所以我们也卖150日元”，像这样设定低廉价格的话，就会像那家布丁店的店长一样受尽辛苦却一无所得。

是否能够提高收益、维持生意，取决于采取何种价格战略和市场营销方式。

但遗憾的是，现实中有很多公司都没有充分思考过价格战略，所以很多企业陷入了“忙碌却收益极低”的状态。

仔细思考，你会发现战略性地决定价格对维持生意并使其长盛不衰是非常重要的。

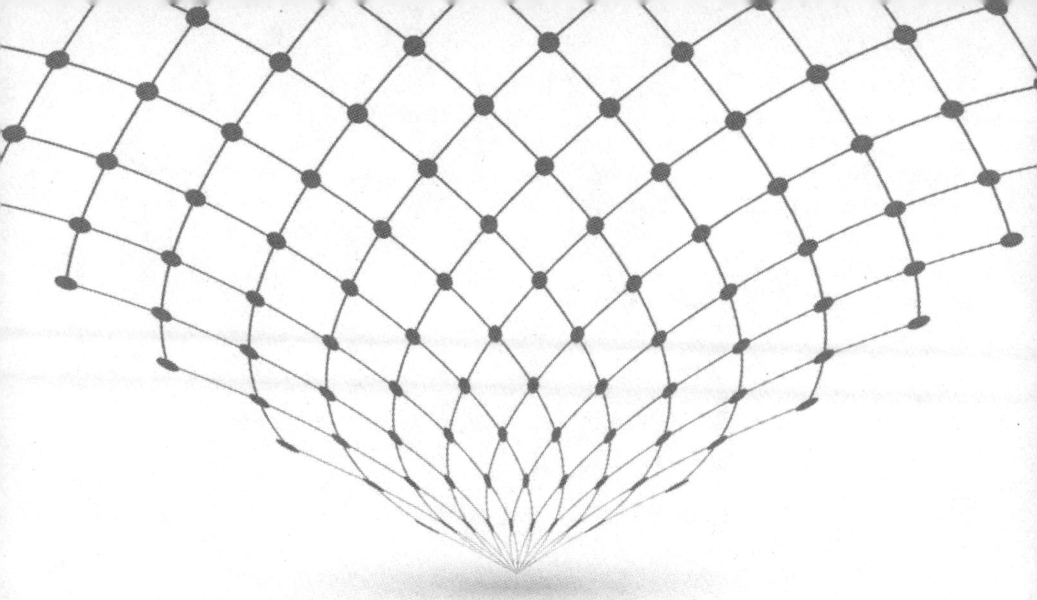

第 5 章

为什么 7-11 的旁边就是 7-11？

——“渠道战略”与“兰彻斯特战略”

1 在狭小地域集中开店的7-11

我借助地图前往朋友家。

在车站下车，出了检票口，步行约2分钟后，看到一家7-11。

在拐角转弯后，又看到一家7-11。

来到国道上，看到了两家隔街相望的7-11。

在我步行的10分钟路程上，竟然有4家7-11。

“在这么小的地域就开了4家店，难道不会互相争抢客人吗？”“与其集中在狭小的地域开这么多家店，不如把店分散在更广阔的地方效率高啊。”我不由想到。

那么，7-11是否真的效率低下呢？实际上正好相反。

在便利店行业，7-11的生意出奇地好。

不仅在国内的总销售额名列第一，每家店铺每天的销售额都要比其他便利店高出10万日元。

看似效率不高，实际上却业绩极佳，这真让人不可思议。

我们通过各种**“渠道”**购买商品。

渠道是顾客购买商品的“窗口”。

例如，很多地方都有卖矿泉水的。我大多在便利店购买，有的人在自动售货机购买，还有的人从超市大量购买。买得太多，搬回家太费劲，所以也有人在网上买，送货到家。

也就是说，矿泉水有“便利店”“自动售货机”“超市”“网店”这些购买渠道。此外，还有如Japanet Takata①这样的通过电话接待顾客的呼叫中心和上门拜访顾客的推销员这两种购买渠道。

7-11这样的店铺也是一种渠道。

上面所述是从商品销售方的角度，为不同的顾客准备的不同渠道。

电视的“频道”是与“渠道”相似的词，它们出自相同的英语词源。翻译成日语时，不知何故就变成了两个不同的词。

就像人们看电视时选择有趣的频道一样，顾客购买商品时，也会选择喜欢的渠道，从那里购买。

---

① Japanet Takata，日本通信销售巨头。

什么是渠道？

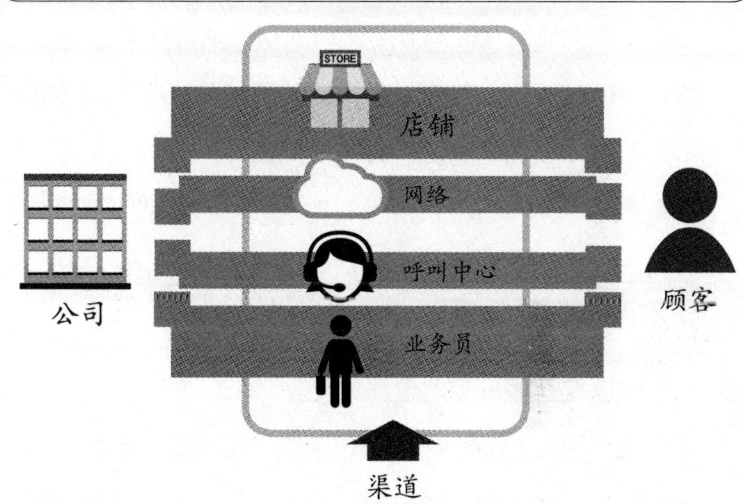

顺便说一句，人们把像丹波哲郎[①]一样说“自己能够与灵界通信”的人称作“通灵者”，意为“通向灵界的窗口”。

商品销售方考虑准备什么样的渠道能够更深更广地覆盖顾客，提高销售额。这就是**渠道战略**。

如果未对此加以周密考虑，就会造成各个渠道抢夺相同顾客的局面。

---

① 丹波哲郎（1922—2006年），日本著名男演员、导演。

例如，学生时代，我遇到过这样一件事。

我参加了摄影俱乐部，经常购买相机。

当时，相机最便宜的地方是新宿的相机廉价商店。

那时和现在不同，没有做价格比较的网站。有朋友告诉我有一个办法可以以最低的价格购得相机。

首先，到“××相机东口店”去砍价。等砍到了低价后就说“我再去其他店问问看”。然后到同为“××相机”的西口店去砍价。如果告诉他们“东口店给我打了这么多的折扣”，最后一定能以低于该折扣的价格成交。

有意思的是，不是去互为竞争对手的店，而是让同为“××相机”的系列店报价交涉，他们彼此都抱着“绝对不想输”的念头，于是价格越压越低。也许是××相机公司内部的店铺之间在销售额方面有着很激烈的竞争吧。

像这样，相同渠道之间展开的无用之争，在营销上称作**渠道冲突**。

从××相机整体来看，其“东口店”与“西口店”便是出现了渠道冲突。

在狭窄地域开了4家店的7-11看似也形成了渠道冲突。但实际上，这是7-11基于渠道战略而特意做出的选择。

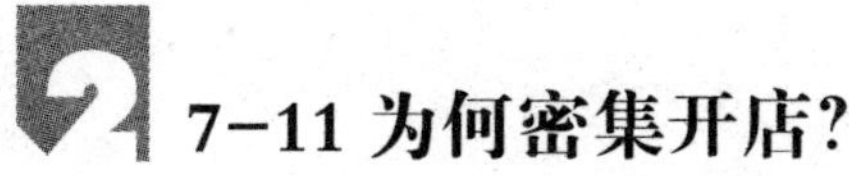

2 7-11为何密集开店?

您是否有过这样的体验?

走进便利店后直奔杂志角，目标是期待已久的当日发行的杂志。

本来可以在稍后外出时顺便去趟书店购买，但却迫不及待地来到离自己家仅30秒距离的便利店。然而，那里并没有自己想要的杂志。

一边念叨着“没有啊，在哪里呢”，一边眼睛瞪得像铜铃一般找寻了几分钟，却哪儿都找不到。是尚未到货，还是已经卖完了呢?

只好放弃找寻，嘟囔着“没办法，还是稍后去书店买吧”，两手空空而归。

我们都曾有去了便利店，却发现想要的商品断货，最终空手而归的经历。

对店铺而言，本来可以有的销售额不知不觉间便失去了。

这就是第4章中介绍过的机会损失。

7-11最忌讳的就是机会损失。

所以，他们对商品实施逐一管理，保证畅销品不会断货。

实际上，频繁补充商品与分店的开店地点有很大的关系。7-11的渠道战略就以此为基础做了周密的考虑。

我们来看两个开设10家7-11店铺的事例。

【事例1　广域分散展开】

一味地“想要覆盖广大的范围”，广泛开设10家店铺的话，送货就会成为一个横贯大范围区域的大项目，既加长了送货距离，也增加了送货时间。一天如此往复多次，就会吃不消；送货途中，生鲜食材的鲜度也会下降。

【事例2　集中在狭小地域开店】

如果10家店都集中在狭窄的地域，送货将是件非常轻松的事，只需要开着卡车把该地域的10家店绕上一圈即可，送货的时间、距离都变短了。一天可以送货多次，既能节省时间与精力，还能保持食品的鲜度。

有一句话是这样说的："人生若踌躇不知所措，就去选择一条苦难之路而行。"

如果说的是人生，我也这么认为。

但商场上却不同。要达到同样的结果，绝对是轻松一些为好，因为能够以较少的成本迅速提高销售额。如果付出额外的努力，那就应该去做些别的事。

7-11也是出于同样的考虑吧，"既然如此，就把店铺都集中在狭小的地域"，采取了密集型开店战略。

我将其称为**多米诺方式**。

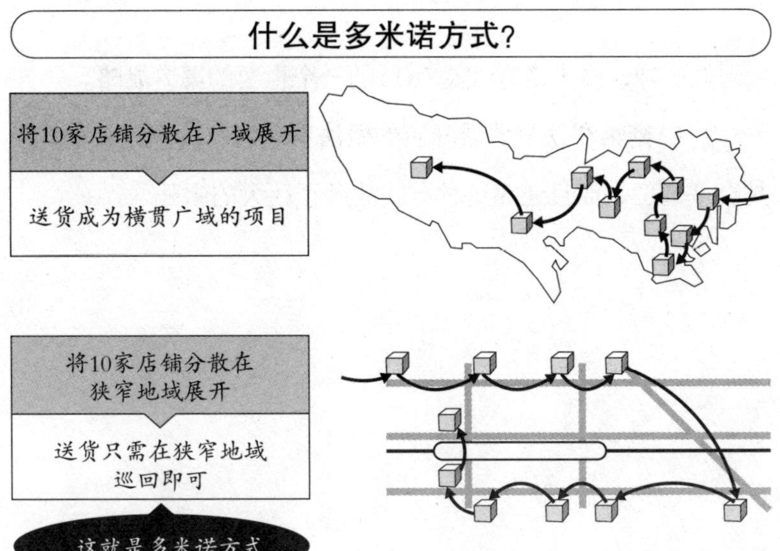

多米诺方式还有其他优点。

它能够深深地渗透到整个地域，根据地域的情况开展活动。例如限定地域，搞一些“饭团177日元特卖”“关东煮特价日”之类的活动，顾客就会集中来到该地域的所有7-11购买。对这个地域的人而言，因为7-11随处可见，所以容易产生亲近感，广告效果也就很好。

如果在一个地域只开一家店，那么在某个区域打出广告的话，其影响只会涉及一家店铺。而如果是集中开店，广告的影响范围就比较广，效果较大，广告成本就会降低。

像这样，多米诺方式是7-11的一个重要的**渠道战略**。

7-11密集在狭窄地域开店的做法看似没有效率，其实却极其合乎情理，而且还靠这种方式战胜了巨大的永旺。

3 “强者战略”与“弱者战略”

也许你会问：“像永旺这般巨大的超市，7-11是如何战胜的呢？”

在我以前居住的地域就有一家永旺。广阔的店内放眼望去，到处陈列着商品，而且都很便宜。每逢周末，全家大小一起出动，店内热闹非凡。

而在我家附近的7-11却小得多，狭小的便利店内陈列的商品的数量与永旺相比少得可怜，商品的价格也比永旺要贵。

但是，**强者有强者的拼法，弱者亦有弱者的拼法。**

让我懂得这个道理的是**兰彻斯特战略**的**“强者战略”**与**“弱者战略”**。

兰彻斯特战略原本是为了取得战争的胜利而诞生的战略。在此基础上，它发展为思考在商场上如何制胜的常规方法论，在日本流行起来。

永旺与7-11分别按照“强者战略”与“弱者战略”来考虑渠道战略。

4 永旺的“强者战略”

永旺之所以巨大，是因为它将**“强者战略”**发挥到了极致来思考渠道战略。

如果各位有机会旅游，希望你们去旅行地的永旺看一看。

日本全国的永旺都极为相似。店铺设计相同，陈列的商品也相同。

说不定你根本无法区分它和你家附近的永旺有何不同。

这是永旺彻底实施强者战略的缘故。

强者战略的基本规则是“在广域征战”“凭综合实力征战”“远程战”。

永旺在全国开店，即“在广域征战”。所售商品的量大，因此能够以较低的价格从供货商那里调货，凭借此种作战方式获胜。

此外，它亦**将品类丰富这一“综合实力”当作武器**。所有店铺的商品构成均由实行批量采购的总部决定，无论哪个地域的永旺，商品构成都是统一的。这让那些平时喜欢光顾永旺的顾客的心里有一种安定感——“只要到永旺去，肯定能买到平时需要的那些东西。”

永旺还以擅长**“远程战”**著称。在某个地域建立起巨型店铺，将宣传单一直散发到很远的地方，吸引众多的顾客前来。

永旺就是凭借这三种战略实现了与对手的差别化。

巨大的店铺里陈列着丰富的价廉商品，这正是强者的征战方法。

永旺就这样成长起来。

但它也存在极限。无论价格如何低廉，顾客如果不需要，就不会购买。再者，全国各地的顾客，其需求本来也不是一样的。

进入社会的第一个年头，我曾经经历过这样一件事。

来自全国各地的同期生[①]集中到东京进行研修。

午餐时间，大家一起去吃挂汁荞麦面。来自关西的一位同期生说道：“这个面汁和酱油差不多嘛，真难吃。”

① 指同一批入职的员工。

最后，他没吃什么，把面全剩了下来。

关西的面汁使用海带汤汁，口味清淡。

对关西人而言，使用关东风味酱油和鱼汤的面汁的浓重口味就和酱油本身差不多。

日本虽然不大，但不同地域的人，嗜好却完全不同。

即使全日本的永旺的货架上都填满同一品类的各种商品，要想满足所有顾客的所有要求，也是难以做到的。

虽然永旺的“强者战略”在行业内是最强的，但如果顾客们不再仅仅因为价格便宜就购买，它也许就会触碰到极限。

5 7-11的"弱者战略"

7-11趁此机会彻底实施了"弱者战略"。

弱者战略的根本规则是"带入局部战""靠杀手锏征战""接近战"。

7-11在狭小地域密集开店的多米诺方式正是"局部战"。

7-11很少扩大开店的区域。1号店开在江东区丰洲，当时的负责人下达了严格的命令——"不得从江东区迈出一步！"因此当时的店铺都集中在丰洲店附近。扩张到大阪是在创业18年之后的1991年，进入四国则是在2013年。

其次是凭**"杀手锏"**征战。

狭小的7-11店铺里陈列的商品只有3000种。与由总部决定品类构成的永旺不同，7-11由各个分店缜密地推测"今日顾客想购买什么样的商品"，每天对陈列的品种加以更换。不同于汇集众多商品来应对顾客的需求，它每天思考的是"今天以哪种杀手锏迎战"。

我曾经经历过这么一件事。

3月的某一天，午餐时间，我带着便当，和朋友在外会面一起用餐。

已经是3月份了，但不知何故，朋友带的午餐却是挂面。他说："我在7-11看到它，不知为什么就是想吃，所以就买下了。"

朋友之所以想吃并非当季常见商品的挂面，是因为7-11做的一番功课。

这一天在3月份来说算是比较闷热的。人们往往认为"挂面是夏季的商品"，但7-11根据以往的销售数据，捕捉到"挂面会在天气突然变暖时畅销"这一信息。店铺预测到这一天天气会转暖，于是订购了挂面，陈列在店面。朋友看到挂面的瞬间产生了食欲，便买下了。

这一天，7-11推荐的"杀手锏商品"就是挂面。

7-11还有一招是打**"接近战"**。

7-11都在这些地方开店：人们上下班和学生们上学、放学的必经之路上，以及午餐时白领们经常聚集的写字楼集中的地段。

永旺在广大的区域内大量散发宣传单，招徕顾客“请您一定来店购物”，吸引来自远方的客人。7-11则密切地关注顾客的生活需求，以此吸引顾客。

在本章开头提到的国道上有两家7-11相望而建，也是出于同样的原因。

看似是两家店在争抢相同的顾客，但在国道上无法轻易掉头，在上行线行驶的车辆与在下行线行驶的车辆便分别是这两家店铺各自的顾客。对顾客而言，附近的便利店远比远方的超市要方便。

但是，如果7-11只有一家店的话，无论它再怎样绞尽脑汁，拼命努力，也寡不敌众，无论如何也敌不过巨大的永旺。因此，7-11以多米诺方式，集中在某些地域开设了众多的店铺。

并且全力为地域内顾客的便利性服务，提供顾客需要的商品。

7-11通过彻底地贯彻弱者战略，来抗衡作为强者的大超市永旺。

据说，其实7-11根本不把永旺放在眼里。

前7-11会长曾经说过：“（我们）不是和对手竞争，而是和顾客的需求竞争。顾客最为优先。”

7-11让集中在狭小区域内的所有店铺紧紧地贴合顾客的生活，保证总是有顾客想要购买的商品。

什么是兰彻斯特战略？

强者战略	弱者战略
◆**在广域而战** （在全国展开） ◆**凭综合实力而战** （丰富的品类） ◆**远程战** （从远处召集顾客到大店铺来）	◆**带入局部战** （多米诺方式） ◆**靠杀手锏而战** （每日替换全店的3000个品种） ◆**接近战** （在顾客的生活圈内开设小店铺）

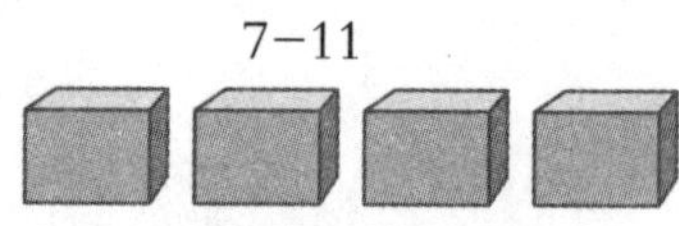

7-11彻底执行弱者战略，凭借“紧贴顾客生活”的渠道战略，拥有了凌驾于同一地域的强者——超大型超市永旺的能力。

在此，我们暂且做一下归纳。

永旺采取的是凭借“陈列大量商品，销售价廉之物”来笼络众多顾客的渠道战略。

7-11针对的则是想在需要的时候很快购买到想要的东西，渴望“近且便利”的店铺的那类顾客，彻底执行“紧贴生活场景的品类构成”的渠道战略，从而拥有了强大的力量。

思考渠道战略时，重要的是考虑“现在顾客期望的是什么”。这与前面介绍过的营销战略是一样的。

7-11的渠道战略即使现在富有成效，也很难保证将来仍然有效。采用这种战略，需要经常思索顾客想要什么，重新审视现有的渠道战略。

6 7-11收银台上谜一般的按钮

有一天，我在7-11买杂志时注意到一件事。

收银台上有10个谜一般的按钮，分为粉色与蓝色两种颜色。店员在敲打收银机时，一定会按动其中的某个按钮。

我若无其事地观察起他人购物的情况。我发现，当有人购物时，这些谜一般的按钮必定会被按动，而且所按的按钮因购物者而异。

事实上，这些谜一样的按钮的用途是输入商品购买者的信息。

10个按钮中，粉色代表女性顾客，蓝色代表男性顾客；按钮自上而下排列，则依次代表购物者的年龄段。如果不按动某个按钮，就无法完成收银台的操作。

您下次再去7-11购物时，也可以关注一下收银台的操作。

顺便还能看看自己在他人眼中是属于哪个年龄段的。

当然，这完全是店员的个人判断。如果你被归入的年龄段比你的实际年龄增加了几岁，也不要抱怨哦。

为什么7-11店铺如此忙碌，还有意这样费事呢？

其实这样收集来的信息恰恰是7-11的生命线。

虽然每个数据看似不值一提，但却不可小看。

哪件商品，在哪个时间段，被哪个年龄层的男女，在哪里购买？

通过这种方式从全国各地收集来的数据积累了十几年。

这些数据虽然微不足道，却谁都没有。

多亏有了这些数据，才知道了挂面畅销的时机，才有了吸引顾客购物的品类构成。

7 大牌制造商为何遵从 7-11 的要求开发特卖商品？

不仅如此，7-11还依靠这些数据开发出自己独有的特卖商品。

最近到7-11去，总能看到“7-11优食”（sevenpremium）“7-11金食”（sevengold）这样的独家商品。买来品尝一番，味道相当不错。

也许有人会想：“7-11连商品开发都做吗？”其实，7-11只负责商品企划，进行生产的是有名的食品制造商。

7-11特卖商品与食品制造商通过7-11销售的常规商品会形成竞争，所以他们似乎没有理由情愿为7-11生产特卖商品。

那么，这些食品制造商们为什么还是遵从了7-11的要求生产特卖商品呢?

其秘密就在于只有7-11拥有的庞大的销售数据。

开发新商品时，这些数据能为人们提供很多东西。

食品制造商的销售数据非常粗糙，只简单地列出“当月，哪件商品卖掉了多少件”。这样的信息对商品开发没什么帮助。

7-11却有着极其微细全面的数据。

根据这些数据，7-11很容易进行成功的商品开发。例如，发现“早上购买三明治的上班族比较多”，因此，“如果开发出美味的咖啡一定会畅销”，于是着手策划，推出了早餐咖啡，大获成功。

7-11 VS 永旺

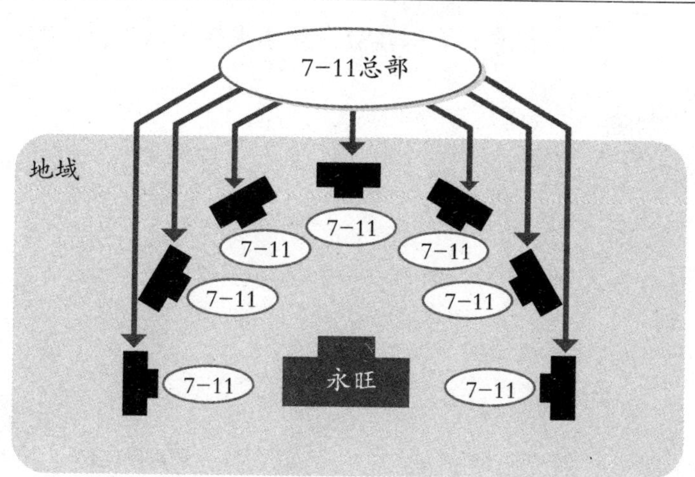

7-11以多米诺方式将战斗力集中在地域，来与永旺对抗。

7-11根据庞大的销售数据推测“这样的商品应该会好销”，策划商品，招募食品制造商协助商品开发。

7-11首先在店铺试销试制品，根据实际的销售数据检验是否如预料一般好销。如果效果好，就进入正式销售阶段。

食品制造商们急切地渴望这些宝贵的销售数据，所以他们愿意协助7-11进行商品开发。

现今，“sevenpremium”“sevengold”都成为销售额超过1兆日元的成功品牌。

7-11之所以能够从事特卖商品的开发，多亏了来自店铺渠道的信息。

来自渠道的信息，有时候具有就连大牌制造商也不得不遵从的强大的力量。

8 渠道的两个作用

渠道是顾客的窗口，所以销售往往被认为起着主要作用。但渠道的作用不仅仅是销售。

思考能从顾客那里获得什么样的信息也很重要。就像7-11，运用从顾客那里一点一点收集来的销售信息，重新审视店铺的商品结构，并将其用于特卖商品的开发。

渠道还有向顾客传递信息的作用，将新商品、推荐商品的信息传递给顾客。

渠道的作用

销　售	交换信息
◆销售商品	◆从顾客获取信息
◆送达商品	◆向顾客传递信息

亚马逊网站的页面上也会出现“推荐商品”，这是亚马逊的系统根据你的购物经历和其他顾客的购物模式，向你推送你最有可能购买的商品。

像这样，在销售商品时考虑到与顾客的所有交集来制定渠道战略，是必不可少的。

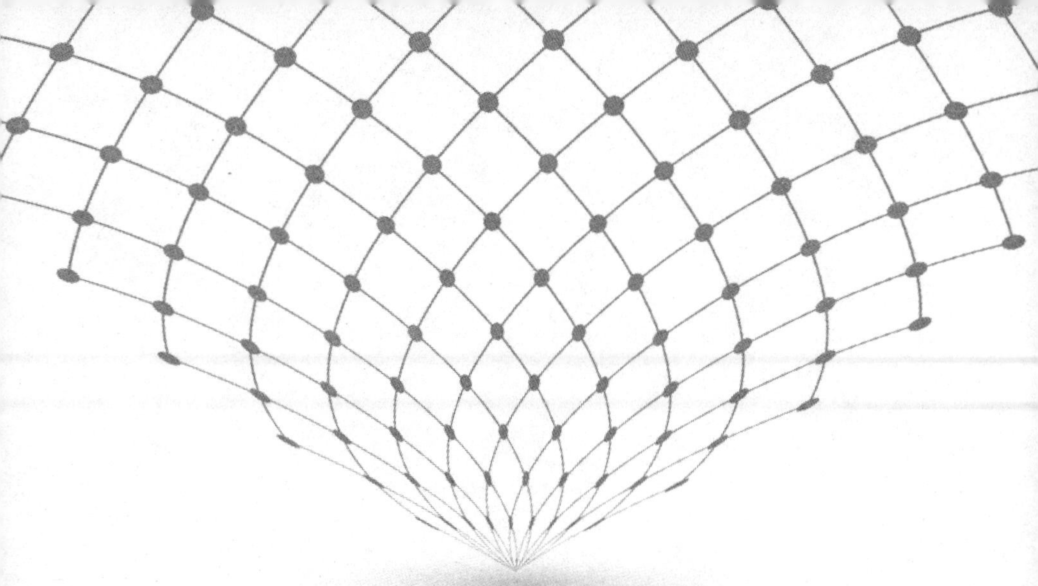

第6章

女性鼓胀的钱包里到底装了些什么？

——“促销战略”与“4P 营销组合”

7 其他店的过期优惠券也能打折？

某一天，我走在街头，发现了一家排长队的卖乌冬面的店铺。

乌冬面、荞麦面的顾客一般都是男性。在繁忙的工作之余，他们到店里，点上一碗面，站在那里吃完后匆匆离去，这大概是人们对乌冬面店最普遍的印象吧。

但不知何故，在这家店排队的却多是女性，女性占了半数以上。

这是为什么呢？

这家店铺的装修很时尚，入口处悬挂着垂幕，上面写着大字：**“过期优惠券复活节”**。

再仔细一瞧，我甚至怀疑起自己的眼睛。旁边还有一行小字——

“凭日本全国任意店铺的过期优惠券，本店内您喜欢的菜单均可享受50日元折扣！”

也就是说，不论是麦当劳、吉野家等连锁餐饮店，还是7-11这样的便利店，抑或松本清这样的药妆店，拿任何店铺的过期优惠券来用餐，都可以得到50日元的折扣。

这家店我还是第一次来。正好我肚子饿了，又有时间，我在钱包里翻了一通，找出一张经常光顾的咖啡店的过期优惠券。择日不如撞日，我决定在此把它派上用场。

车站前卖乌冬面、荞麦面的店铺都给人以很质朴的印象，这家店却意外地明朗、洁净，让人感觉很舒服。

店铺采取自助式用餐。女性顾客们看似非常开心地挑选着虾、藕、炸素食、竹轮等价格100~150日元不等的配品，最后确定乌冬面的种类，在收银台结账。

初次体验的我起初有些彷徨，不知所措。我学着别人的样子，选了热量和油分大大减少的“健康炸素食”，点了“温泉鸡蛋乌冬面”。

我在菜单上发现了很多有趣的地方。例如，竟然还有加入了鸟氨酸的“蚬贝冷汤面”。

我还是第一次听说鸟氨酸，但40~50岁的很多女性都知道它具有强大的美肤效果。这种面里含有相当于200个蚬贝的乌氨酸。

此外，还有有美肤效果的菊花饭。点这种饭的多为女性。

我在收银台前递上过期的咖啡优惠券，果然为我优惠了50日元。

我拿到面吃了一口，赞岐乌冬面很筋道，汤汁清爽美味；健康炸素食则口感酥脆。我点的这份餐点应该也会得到对味道挑剔的女性食客们的欢心。

反正发行优惠券也是要花钱的，采用这种方法，不花钱就能靠优惠券招徕顾客。我在“过期优惠券复活节”偶然进入的这家店铺，想到的这招实在是妙极了！

但我也有疑问：这种方法真的好吗？

因为靠减价争胜是一剂毒品。

优惠券的作用是促进销售。使用优惠券，向顾客宣传物超所值，可以吸引顾客前来，增加销售额。我就是这样经历了一场来此用餐的初体验。

但如果商家对优惠券过度依赖，就会陷入危险。

例如，日本的麦当劳在业绩辉煌时，每发行一次优惠券都能带来持续一个月的促销效果。但后来由于滥发优惠券，陷入促销效果仅能维持3天的境地。2015年发生了经营危机，八成的来店顾客都持有优惠券；没有优惠券，顾客就不来。这就好像是在体力下降时通过不断注射毒品来设法保持气力一般。

我还有一个疑问：这家店铺靠减价争胜，真的好吗？

其实我说的这家店就是“花丸乌冬面”，它的招牌商品是赞岐乌冬面。这一时期，其连锁店在全国达到了300家。

然而，它的对手“丸龟制面”有800家店，规模是其两倍以上，引领着市场。

靠减价与规模在自身之上的对手拼胜负，注定会失败。

原因有两点：

第一，生产量大，则每件商品的固定费就会便宜。

例如，开一家面包店，用10万日元的租金租到一间店铺，固定费就是10万日元。如果每月销售1万个面包，则每个面包分担的租金（固定费）为10日元；但如果每月销售10万个面包，则每个面包分担的租金（固定费）仅为1日元。面包做得越多，每个面包的固定费就越便宜，越经济划算。这被称为**规模经济**（或**规模优势**）。

第二，做得多了，公司就会积攒起经验。

我们都有过这样的经历吧：做同样的工作，第十次和第一次相比，做得更好更快。公司也一样，提供的商品与服务越多，越能够积存经验，能够提高生产效率，实现较低的成本。这叫作**经验曲线**。

由此得知，规模超出花丸两倍多的丸龟制面能够以低于花丸的成本提供乌冬面。所以，如果花丸实行减价销售，利润就会减少。

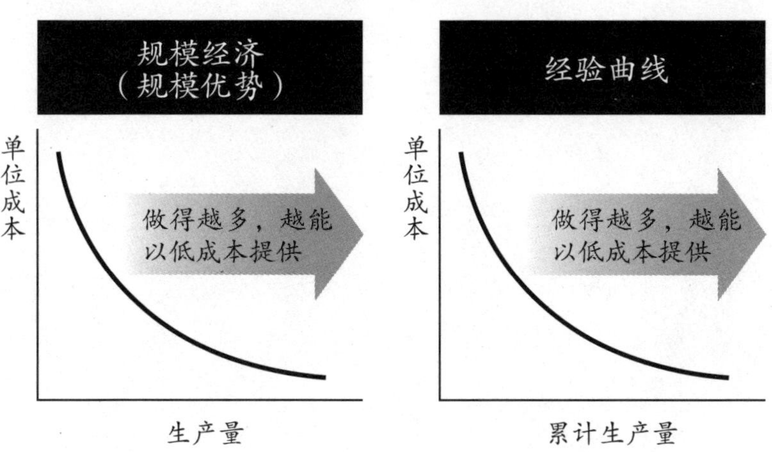

“如果依赖于优惠券展开价格之争，花丸会走入绝境。”吃完乌冬面，我叹了一口气。

“花丸的业绩究竟怎样呢？”

我这样想着，用智能手机查看起来。结果让我大吃一惊，花丸的业绩极好。

“嗯？也许这并非单纯的减价。”我想。

几天后，我读到一篇关于花丸的报道，心悦诚服。

“原来如此，是这么回事啊！”

这不是价格战略，而是花丸细致缜密地想出的**促销战略**。

2 女性鼓胀的钱包里到底装了些什么？

以“花丸乌冬面”著称的株式会社花丸，成功地开设了日本前所未有的赞岐乌冬面连锁店。之前，乌冬面店的主要顾客是男性，但花丸自创业之初就注重吸引女性顾客，在“和式快餐”的概念下，顺利地发展起来。

然而大量开店却成为致命的伤害，店铺质量下降，销售额急剧下滑，陷入经济危机。后来，花丸并入了吉野家旗下。吉野家派出38岁的社长接替了花丸创业时的社长。

新社长对既存店的品质和服务进行了彻底的审视。另一方面，他还认真地思考有没有什么东西是竞争对手无法立刻效仿的，致力于“健康乌冬面”的商品开发。

当初，公司内部有很多人提出“乌冬面与健康有关系吗”的意见，但新社长仍然坚持开发健康菜品，健康炸素食、加入了乌氨酸的“蚬贝冷汤面”等新菜品就是这样诞生的。

那时，恰巧食谱书《百利达社员食堂》大获成功，社会上出现了一股健康热潮。

花丸的新菜单在部分地区成为人们议论的话题，但专程为了健康乌冬面前来用餐的食客却很少。

因为对健康关注度较高的顾客并不知道花丸的新菜单。那么，只要让这部分顾客了解花丸的健康菜单，吸引他们来店的话，销售额应该会增长。

于是花丸又一次回到了原点。当初，花丸人气大增是因为它改变了以男性顾客为主体的店铺结构，变成易于吸引女性顾客光顾的赞岐乌冬面店。不过，对女性顾客的集客力仍有上升的空间，女性顾客的健康意识也比较强。所以，他们开始考虑如何让女性顾客了解花丸的健康菜单。

怎么做，女性顾客才会了解花丸，来店用餐呢？

花丸的社长一直在思考有关女性顾客的问题。有一天，他忽然产生了一个非常质朴的疑问：

“女性们鼓鼓囊囊的钱包里究竟装了些什么呢？”

在超市、便利店的收银台前，你们一定也看到过女性那装得鼓鼓囊囊的钱包吧。

社长对周围的女性展开了调查。他发现，原来她们的钱包里塞满了从各个店铺得到的折扣券、优惠券。

女性最喜欢买便宜货了。

而且，喜欢买便宜货的女性还喜欢优惠券。

所以，她们的钱包被那些优惠券填得满满的。

经过进一步调查，社长还有一个意外的发现——事实上，那些优惠券有六成都已过期。

如果得知自己精心积存下来的优惠券过期，女性们一定会在心底这样哀号：

“啊～，亏了！”

“哎～，后悔死了！”

如果能让过期的优惠券派上用场，那既可以刺激消费，也能够创造出女性顾客光顾花丸的契机。因此，社长开始了“他店过期优惠券大作战”。

这项活动成为一个被热议的话题。

其广告效果与花费2亿日元打广告是一样的。

回收的优惠券达12万张，花丸的销售额也增长了3%，取得了巨大的成功。

这位社长后来年纪轻轻便被提拔为母公司吉野家的社长。

如何成功地吸引不感兴趣的顾客关注？

表面上看，这个活动是常见的“减价50日元特卖活动”。

然而，它并非单纯的减价活动。

花丸的“他店过期优惠券作战”忠实地运用了**促销战略**的基本原则。

花丸开发“健康乌冬面”是由于考虑到了第1章中介绍过的**价值主张**，即为了实现与其他乌冬面店的差异化。

花丸思考“什么是顾客想要且仅有自己能提供的？”这一问题，最终决定以健康意识强的顾客为目标，提供只能在花丸吃到的健康乌冬面。于是将菜品的油脂和热量砍掉50%，开发出其他公司无法模仿的“健康乌冬面”。

但是，如果仅仅从事商品开发，顾客是不会自动前来的。需要将信息传递给目标顾客。于是，为了引起注重健康的目标顾客的关注，进行了促销活动。

吸引健康意识强的目标顾客的方法之一是实施“他店过期

优惠券作战”，从而引起女性顾客的关注。

即把握作为目标的女性顾客的实际情况，以开展“他店过期优惠券作战”活动为契机，对“健康乌冬面”这种新商品进行促销，将信息传递给目标顾客。

花丸还开展了“出示健康保险证，减50日元”的活动，使来店顾客增加了3%。这一战略吸引的是那些总是携带健康保险证的健康意识强的顾客。

花丸还提出“花丸健康宣言”，宣称自己积极致力于健康菜品的开发。“花丸健康宣言”打在店内的垂幕上，随处可见。这是为了向来店的顾客传递“花丸为您准备了健康菜单”的信息。

事实上，促销与创造和异性交往的契机是一样的。

例如，有的人在高中时期可能就对班里的某位异性较为关注，但是却很难找到契机与之搭讪。

高中三年，我和同年级女生仅说过几次话。回头想想，我的高中生活简直一片黯淡。

那么，该如何创造契机呢？

现在我的办法可多了。首先要理解对方，例如若无其事地试探对方对什么感兴趣。然后思考做什么能制造出和对方交谈的契机。

例如，对方对某个动画片感兴趣，如果自己很熟悉该动画片，就可以自然地对周围的人说自己拥有与这个动画片相关的珍贵物品。此话传到对方耳中，或许对方就会对你的那件珍宝产生兴趣，于是你就有了与对方交谈的机会。交谈后彼此产生好感，说不定就能发展为交往。或许你可以在对方过生日时向对方表示祝贺，从而两人进一步加深了解。

虽然上述过程只是推测，但经过几次这样的挑战后，或许你就能正好碰上那个“对的人”发展为恋人关系。

遗憾的是，那时的我从来没有产生过这种想法。如果当时我能这样想，说不定就能度过一个更加快乐的高中生活。

就像创造与异性交往的契机，促销的目的是创造顾客对商品产生兴趣的契机，创造顾客与商品加深关系的契机。

重要的是要根据与顾客关系的程度改变促销信息。

与异性交往之初，交谈时一定会紧张而兴奋地选择措辞。见过几次面后，就会放松下来，谈论的话题也越来越多。交往一年之后，已经到了无话不谈的地步。

但如果刚一见面就无所忌讳、侃侃而谈，一定会令对方无话可谈，吓退对方，再也不愿见面。也就是说，需要根据和对方交往的程度，改变与对方谈话的内容。

促销也是一样，需要根据与顾客关系的程度来改变传递的信息。

根据第2章介绍过的**顾客忠诚度**来思考与顾客关系的程度，会比较容易理解。

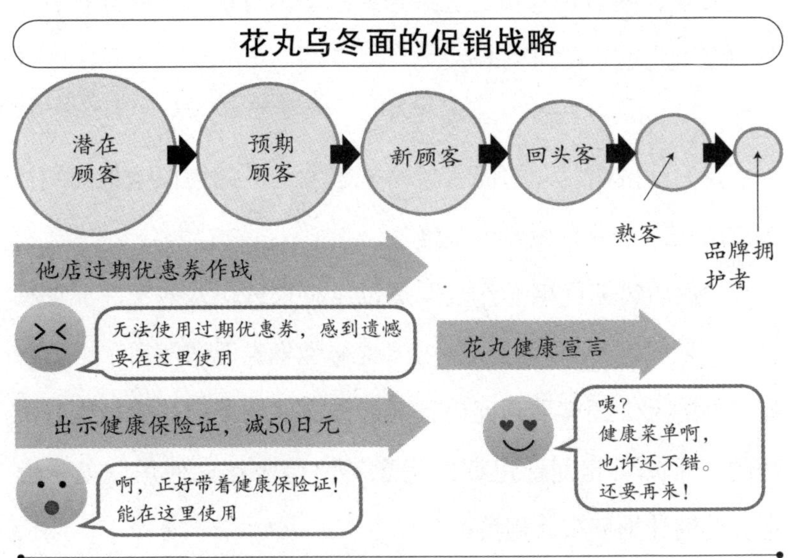

随着对商品的迷恋程度越来越深，顾客依照**“潜在顾客”**→**“预期顾客”**→**“新顾客”**→**“回头客”**→**“熟客”**→**“品牌拥护者”**这样的路线逐渐进化。顾客的人数在最初预测时最多，随着进化逐渐减少，最后成为品牌拥护者的人数是最少的。

这也和与异性交往一样。潜在顾客相当于班级内的所有异性，预期顾客为看似有可能与自己发展关系的班内异性，新顾客是自己得以交谈的班内异性，回头客是已和自己交谈多次的班内异性，熟客是与自己关系亲密的班内异性，品牌拥护者是与自己成为恋人的班内异性。

我们就按照花丸的促销战略来思考一下如何根据不同的目标传递信息，提高顾客忠诚度。

“他店过期优惠券作战”是以没有来过花丸的女性潜在顾客、预期顾客为目标的。针对“觉得优惠券无法使用了，后悔死了”的女性顾客展开促销，通过传递“如果您的钱包里有沉睡的、不知不觉间已过期的优惠券，请来花丸使用”这一信息，达到让她们来店用餐的目的。

“出示健康保险证，减50日元”也一样。它是针对那些经常携带健康保险证的健康意识强的人实施的促销，通过以健康保险证替代优惠券打折，达到让这些人来店用餐的目的。

总之，这两种促销手段都是以将潜在顾客、预期顾客转变为新顾客为目的来传递信息的。像这样使用优惠券和健康保险证，是获得新顾客的一种有效手段。

在店内悬挂“花丸健康宣言”垂幕也是促销的一环。它通过向来到花丸用餐的新顾客传递“花丸的菜单非常注重健康，上面都是健康菜品”这一信息，让来店的顾客觉得“我正好很注意保持健康，我还要再来这家店”，从而达到将新顾客转变为回头客、熟客的目的。

4 促销不能仅仅是引人注目

促销有一个极易跌入的陷阱，那就是一味地考虑“不断地引人注目，制造话题”。即使是营销专家，认为“促销只要引人注目即可”的人也不在少数。

例如，商品的电视广告在社会上成为较大的话题，宣传网页获得了惊人的点击量，就认为“成了引人注目的热议话题，大获成功了”。

引人注目、成为话题绝非坏事，但仅仅如此，尚不能称为成功。

高中班里，一定会有一个爱做些引人注目之事，希望得到关注的男生。但仅仅这样做，最多也只会被认为是一个“有趣的人”或“令人有点儿头痛的人”。做引人注目之事，未必就能吸引到自己心仪的女生的注意，对方对自己产生好感的可能性也较低。

如果弄错了传递信息的方法，不论如何引人注目，成为话题，也无法达成目的。

其实，不引人注目也无妨。向意中人传递出自己想要传递的内容，才是有效的促销。

花丸的“他店过期优惠券作战”行动虽然形成了热议话题，但其初衷并非成为话题，而是“让潜在的女性顾客光顾花丸”，它也的确实现了这一目的。

因此，促销首先要确定信息传递的目标，然后确定“想要对方这样去想”的目的，再考虑实现的方法。如果不能实现目的，再引人注目也无济于事。

即使将信息传递给了众多的人，成为话题，只要信息没有传递给关键目标，就是毫无意义的。

传递信息若不能达到目的，就只能让人产生“这是一家传递奇怪信息的有意思的公司”的印象。

5 什么是营销组合？

第3章至第6章分别讲述了**“商品战略”**（第3章）、**“价格战略”**（第4章）、**“渠道战略”**（第5章）及**“促销战略”**（第6章）。

在营销中，这四者归纳在一起，称为**“营销组合”**。

有时也称为“4P”，源自**商品**（product）、**价格**（price）、**渠道**（place）、**促销**（promotion）4个英文单词的首字母。

营销组合，可以为目标顾客创造、传递、提供价值。

例如，花丸面向“健康意识强的顾客”这一目标，靠商品战略制作出“健康乌冬面”，将促销战略与价格战略组合在一起，传递“过期优惠券复活节”“出示健康保险证，减50日元”的信息，同时依靠渠道战略，开设易于吸引女性走入的店铺。花丸就是为顾客创造、传递、提供了这些价值。

营销组合若是一盘散沙，就不会有效果。

如果花丸通过商品战略，难得地开发出“健康乌冬面”，但在促销战略上却只是宣扬“我们的乌冬面非常好吃”，会怎样呢?

不把健康乌冬面的信息传递给“健康意识强”的目标顾客，就不会如愿有好的销路。

为了让营销组合保持完整，首先需要仔细思考第1章中介绍的价值主张。

花丸考虑的价值主张是“向健康意识强的顾客提供花丸才有的健康乌冬面”，据此思考营销组合，创造乘法效果。

营销的出发点是价值主张，营销组合的一切都需要基于价值主张进行思考和设计。

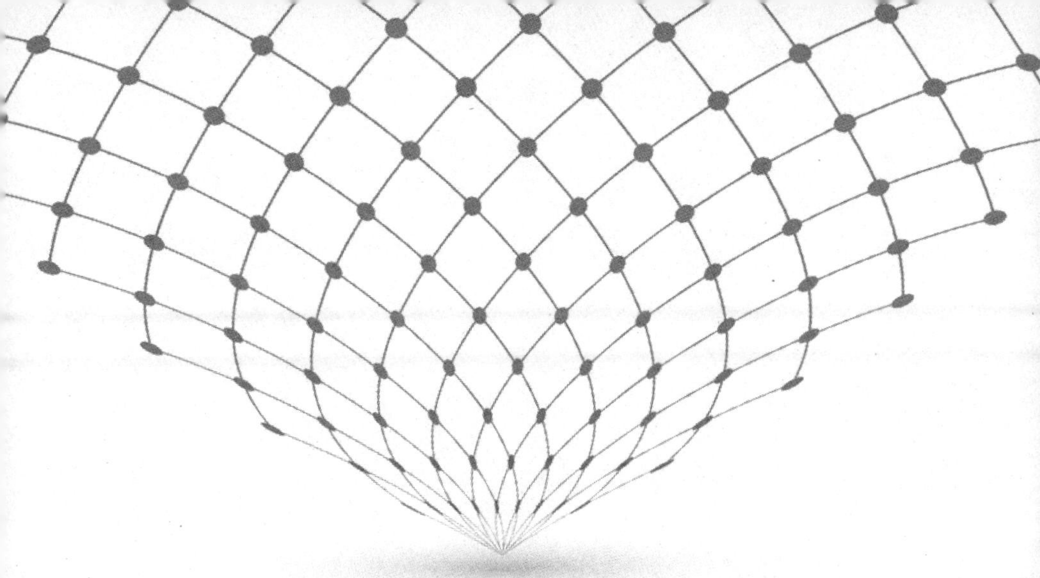

第7章

卡莉怪妞为什么会走红？

——“创新扩散理论”与“鸿沟理论”

1 不断增多的“不可思议的小妞”

“咦？这是什么？”

这是我第一次在清晨的电视节目中看到卡莉怪妞（以下简称“卡莉”）时的真实感受。

她的头上戴着紫色假发，顶着一个大大的黄色蝴蝶结，穿着布满粉色大圆点的蓬蓬装，在小小的现场演出间唱着歌。

仔细听她的歌，虽然是日语，却辨不出词句。第一次听到时，简直不知所云。

这让我产生了非常不可思议的感觉，但不知何故，她的歌声却一直萦绕在我的耳边。

说起女星偶像，她们大都面带微笑，向周围的人频献殷勤，十分可爱。如果卡莉也如法炮制，一定也是位可爱的女孩。但她却常常面无表情，甚至一脸愁容。

然而，她却不容忽视。只见她突然嘟着个章鱼嘴，突然像黑猩猩一样，摆出一副威赫的姿态，全都是明星偶像们不可能做出的表情。“变脸”对她来说轻而易举。

在小小的现场演出间，她那娇小的身体不停地做出细微的动作，突然一撅屁股，这出乎意料的举动让大家大吃一惊。

与其说她是偶像，倒不如说她是个吉祥物。以“不可思议的小妞”来评价她，再合适不过了。

卡莉虽然让人琢磨不透，却很快便大红大紫起来，打开电视，总能看见她的身影。她人气高涨，不仅在日本，在全世界都有粉丝。她俨然已是当今日本“可爱”文化的象征。

我一边听电视里播放的她的歌，一边想：

“最近经常在街上看到卡莉一样的女孩子啊。”

20世纪80年代初，我还在上大学时，手拿《JJ》等杂志的女大学生开始多起来。我从没有机会与那些打扮时髦、光鲜亮丽的大小姐们攀谈，只是远远地看着，我的学生时代过得是如此平淡无奇。保守的小姐装从那时一直持续到现在。

女性们热衷的《JJ》《CanCan》《ViVi》《Ray》等杂志被称为“赤文字系杂志”，原因是这些杂志的封面上的主题文字用的是红色、粉色等赤色系颜色。蛯原友里、罗拉等艺人就是赤文字系杂志出身的模特。她们都是既受周围的异性喜爱，又不会招同性反感的类型。

我是在去涩谷的时候感受到了有巨变发生。

“和以前大不相同啊……”

不知从何时起，像卡莉这样的不可思议的小妞变得多了起来。

这类不可思议的女性钟爱的杂志被称作“青文字系杂志”（不过，其封面主题文字的颜色并非蓝色系）。《mini》《Zipper》《CUTiE》等就属于这类杂志，其代表艺人有卡莉怪妞、木村kaela、仲里依纱等。简而言之，这种类型的时尚趋于个性化，受到同性的追捧。

女性时尚是一种潮流。这种热潮看似突然到来，但一种新的时尚不会在某一天就突然大火起来，其背后一定有某种规律。

卡莉、赤文字系时尚、青文字系时尚是如何成为热潮的呢？让我们带着这些疑问，对有助于新商品走红的“创新扩散理论”和“鸿沟理论”做一番思考吧。

2 创新扩散理论——新事物怎样扩散开去？

赤文字系时尚自20世纪80年代初我上大学时逐渐扩展开来，当时的主流是常春藤、DC等品牌的藏蓝色夹克。那时，赤文字系时尚的女性较少，所以她们在校园里相当惹人注意。但是现在看看大街小巷，赤文字系时尚是再平常不过的了。

青文字系时尚则在不久前还很少在街头见到。20世纪90年代，青文字系杂志创刊，青文字系时尚以时尚阵地的最前沿原宿为中心逐渐扩大，所以青文字系时尚又被称作“原宿系”。

2011年，卡莉崭露头角，迅速走红，不知不觉间，涩谷及其他地方的街头就被青文字系时尚所占领。

时尚这类新事物在世间普及时，反应因人而异。

有的人“最喜欢新事物了，立刻采纳”，有的人则考虑“仔细看清之后再尝试”，也有顽固者“抵触新事物，坚持认为以前的东西最好”。

按照接纳新事物的顺序，我们将人群分为五种类型，这便是**创新扩散理论**。

· **创新者**（占全体的2.5%）

革新者。最喜欢新事物，无论什么都率先采纳。

· **早期采用者**（占全体的13.5%）

先驱者。自己觉得不错的话就采纳。

· **早期大众**（占全体的34%）

现实主义者。听到他人说好后，自己才会采纳。

· **晚期大众**（占全体的34%）

怀疑者。多数人采纳的话，则自己也采纳。

· **滞后者**（占全体的16%）

顽固者。一直抱怨到最后，拒不采纳。

以青文字系时尚为例来看：在青文字系杂志创刊的20世纪90年代，原宿的青文字系时尚者即是创新者；从卡莉出道开始打扮为青文字系时尚的是早期采用者；而现今涩谷的那些青文字系时尚者则是早期大众。

热潮按照这样的顺序在人群中逐渐扩大，这就是营销中的创新扩散理论。

3 什么是鸿沟?

你是认为“时尚就是要引人注目”，还是“对引人注目感到反感”呢?

认为“时尚要引人注目”的人是创新者或早期采用者。

“对引人注目反感”的人则是早期大众或晚期大众或滞后者。

我觉得“想引人注目”的人是少数派，“对引人注目反感”的人是多数派。刚才介绍的创新扩散理论中的数字也证实了这一点。

“想引人注目”的人是创新者和早期采用者，占全体的16%，为少数派。“对引人注目反感”的人占剩下的84%，是绝对的多数派。

就算那些“想要引人注目”的人穿着青文字系服装，“对引人注目反感”的多数派也认为“但是，我不一样……”，不会去效仿。只有像自己这样的“厌恶引人注目”的类型穿了，自己才会战战兢兢地去穿。

但是，“不喜欢引人注目”的人原本就不会去接触新的时尚，所以新的时尚很难扩大到多数派。

像这样，在“喜欢引人注目”的少数派与“不愿引人注目”的多数派之间，有一条难以跨越的巨大的沟谷。这在营销中叫作**鸿沟**。

出现鸿沟的原因是“喜欢引人注目”的人与“不愿引人注目”的人对于风险的思考方式正好相反。

“喜欢引人注目”的人“欢迎风险，认为有风险才有收获”，而“不喜欢引人注目”的人“畏惧风险，觉得会有所失”。在“欢迎风险”的少数派与“畏惧风险”的多数派之间的难以越过的沟谷就是鸿沟。

只要越过这道鸿沟，新的时尚就会一下子爆红。青文字系时尚就因为卡莉的走红而瞬间跨过了鸿沟。

也有难以越过鸿沟的时尚存在，哥特萝莉装即是一例。这种仿佛法国娃娃般的黑色镶边服装，尽管拥有一些狂热的粉丝，却丝毫看不出有越过鸿沟的迹象。

创新扩散理论与鸿沟理论

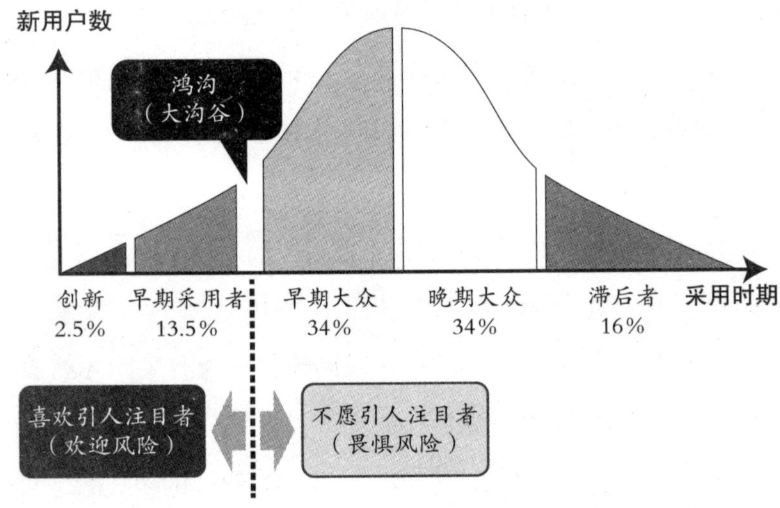

为什么会产生这种差别呢？

事实上，想要越过鸿沟，大红大紫地流行起来，是有一套进行包装的方法论的。

这就是鸿沟理论。在鸿沟理论中，按照以下顺序进行包装，就能跨过鸿沟。

第一阶段：瞅准时机，选择没有竞争对手的市场。

第二阶段：选择最初的目标。

第三阶段：攻占最初的目标。

第四阶段：进一步扩大目标。

那么，卡莉与青文字系时尚是如何越过鸿沟而走红的呢?

4 如何越过鸿沟?

卡莉之所以能跨越鸿沟，是因为有人为她进行了设计包装。这个人就是位于原宿的卡莉所在事务所的社长。这位社长向全世界传播原宿的可爱文化，“kawaii”（可爱）成为世界通用语、“酷日本”的代名词，他功不可没。

在卡莉出道以前，原宿就流行青文字系时尚，就连海外都有人关注原宿的可爱文化，于是社长产生了“把可爱文化推向全世界”的想法。就在某一天，社长邂逅了还是高中生的卡莉。她极具青文字系的时尚感，幻想从事音乐活动。

于是，社长与日本华纳音乐联手，让卡莉出道。就让我们以鸿沟理论来分析接下来的故事吧。

第一阶段：瞅准时机，选择没有竞争对手的市场。

时机很重要，在无风之地是无法放飞风筝的。

卡莉出道时遇到了顺风。

在美国、欧洲、中国台湾等地的年轻人中，原宿系时尚为人瞩目，“kawaii”成为通用语。在这样的背景下，事务所社长从一开始就考虑要把卡莉推向世界，对她进行了设计包装。卡莉能闻名于世，绝不是随波逐流的结果。

市场上没有竞争对手这一点也很重要。如果选择的是已有对手存在的市场，即使付出努力，越过了鸿沟，终归也只是二道茶。

当时，虽然原宿系可爱文化已经引起了全世界的关注，但还没有出现一个代表人物。在这种情形下，卡莉宣称：“要把原宿的可爱文化推广到全世界！”她一出道，即成为世界上唯一一个原宿系可爱文化的象征者。

第二阶段：选择最初的目标

接下来要选定最初的目标。

以卡莉为例，将全世界追捧原宿系可爱文化的人作为目标，将粉丝划定为“喜欢原宿系可爱文化中的任一新事物”的创新者与“喜欢可爱的卡莉”的早期采用者。

第三阶段：攻占最初的目标

然后切实攻克选定的对象。目标们对卡莉登场拭目以待，向他们传递信息至关重要。

卡莉出道前夕便在YouTube、iTunes上发布影像、歌曲，在全世界引起了巨大的反响，人们为之狂热——“卡莉，Kawaii！”

卡莉在海外的现场表演也成为人们热议的话题，其在YouTube上的视频的播放次数高居全世界第二。

在原宿系可爱文化开始在世界上受到关注的绝佳时机，卡莉作为其象征出道了，热衷于原宿系可爱文化的人都被卡莉迷住了。

第四阶段：进一步扩大目标

攻克了最初的目标之后，接下来要切换目标，将粉丝扩大到“人云亦云，大家都说喜欢卡莉，所以我也喜欢”的早期大众。为此，需要创造卡莉是“必需的”的形象。

于是，卡莉去世界各国巡回表演。她的粉丝不断增加，甚至LadyGaga等海外名人也成了她的粉丝，卡莉的服装和音乐也给他们带来了影响。

欧美媒体将她的唱片选为年度流行唱片第一名，卡莉越来越为人瞩目。日本国内也对她在海外走红的情形进行了介绍。

就这样，在卡莉的粉丝扩大到早期大众的同时，青文字系时尚也得以跨越了鸿沟。

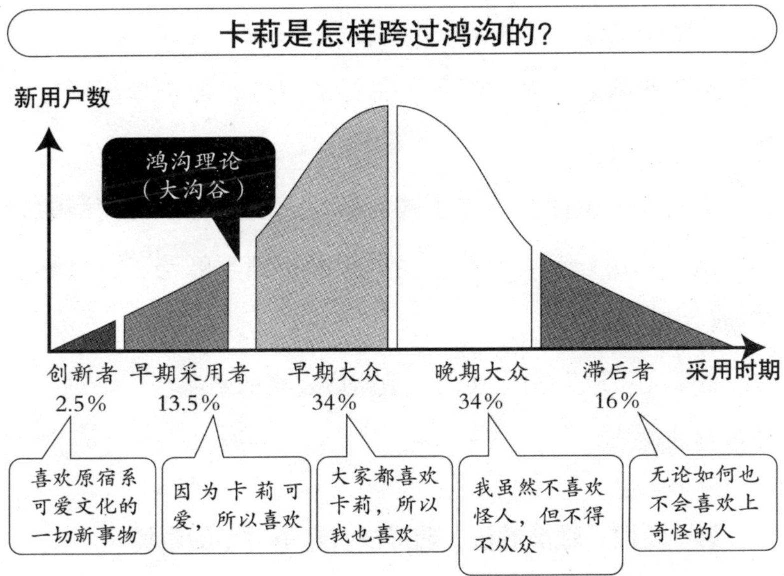

鸿沟理论对思考商品为何畅销也有一定的帮助。朝日公司推出的超干啤酒即是一例。

5 为什么只有朝日公司的超干啤酒摆在货架上？

最近去便利店，我有一个新发现。

虽然啤酒架上摆放着各种各样的啤酒，但干啤却只有朝日的超干。

在我20多岁时，货架上被各个公司的干啤填得满满的。不知从什么时候起，其他公司的干啤都销声匿迹了，只剩下了朝日的超干。

超干之所以大获全胜，也是朝日公司依照鸿沟理论进行设计包装的缘故。

第一阶段：瞅准时机，选择没有竞争对手的市场

与卡莉一样，朝日公司也是瞄准时机，选择了没有对手的市场。

在超干亮相之前，啤酒界有这样一个常识：

“消费者不懂啤酒的味道；消费者比较保守，不接受新口味。所以产品的口味和其他公司的一样就行。如果改变口味，销售额会下降。”

朝日则认为“消费者追求百喝不厌的啤酒”，在对手们都不愿改变口味的绝佳时机，开发了超干。

第二阶段：选择最初的目标

实际上，世上的九成人并不怎么喝啤酒，豪饮啤酒的只有剩余的一成，这些人却占整体啤酒消费群体的一半。

朝日将这些豪饮啤酒的人称作“啤酒通”，把他们当成最初的目标。

其中包括“想喝啤酒新产品”的创新者与“想喝百喝不厌的啤酒”的早期采用者。

第三阶段：攻占最初的目标

朝日向“啤酒通”发起了进攻。

例如，在电视广告中传递这样的信息：

“新生‘啤酒通’都选择这种味道。朝日，超干！”

在此之前，啤酒电视广告起用的都是名人，朝日却起用了从未在广告中露面过的国际记者落合信彦。它颠覆了“啤酒广告都这样做”的固定观念。

首都圈的试销刚开始就断货了；正式销售开始后，全国各地也接连出现断货，呈现“生产即销”的状况。

本就对各家公司生产的啤酒口味都基本一样心存不满的“啤酒通”热烈欢迎超干的问世。结果，超干在上市的第一年就占领了整个啤酒界3%的份额，渗透入创新者和一部分早期采用者。

第四阶段：进一步扩大目标

说一个题外话，千代富士[①]活跃之时的相扑特别有趣。强大的力士多如牛毛，相扑人气极旺，历届的最高收视率达到65%。当时还是关胁[②]的年轻的千代富士在冠军争夺战中打败了名声极盛的横纲北湖，取得了首次胜利。

众多强大的力士集聚一堂，热闹非凡，便能吸引人们的注意力。

反之，如果强大的力士只有一人，其他运动员都不堪一击，人们也就不大会去关注相扑了。

---

① （1955—2016年），日本前相扑力士，第五十八代横纲。

② 相扑运动员级别。横纲是最高级别，依次往下是大关、关胁、小结、前头、十两、幕下、三段目、序二段和序之口。

干啤也同样。超干虽然成了大获成功的商品，但在整体啤酒行业中仍然是微小的存在。它真正成为热潮是在朝日的竞争对手关注到其成功，也开始认真生产并销售干啤之后。

一年后，各啤酒公司都开始大量生产干啤，而且展开了被称作“干啤之战”的激烈的销售竞争。

由此，人们开始关注干啤，而且“因为大家都喝，所以要喝”的早期大众也开始喝起干啤来。

干啤的比重占到整个啤酒市场的34%，瞬间跨过了鸿沟。

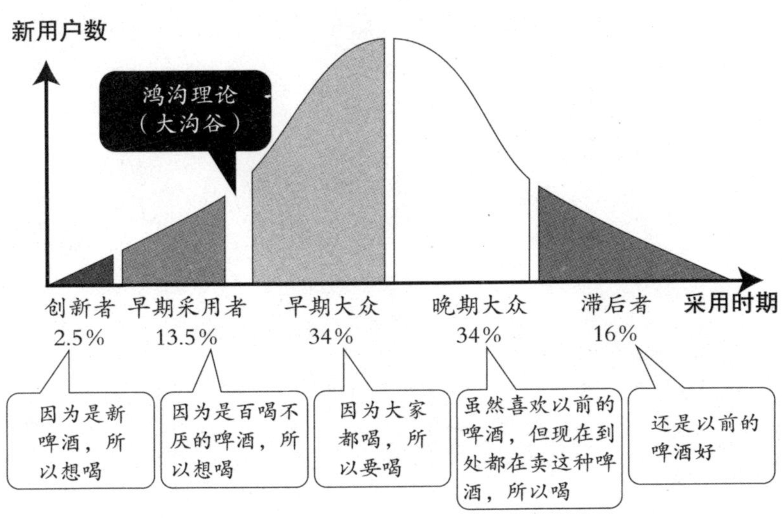

朝日在这场“干啤之战”中以绝对优势获胜。

朝日开发出干啤市场，接着引领市场，不断增产。当其对手犹豫是否增产，纷纷断货时，朝日将其他公司断货的那部分市场也夺了过来。

接下来，朝日进一步改变了促销战略。

到了跨越鸿沟的阶段，向那些认为“因为大家都喝，所以要喝”的早期大众发出这样的信息：“超干改变了啤酒业的趋势！”

早期大众由此感觉：“因为大家都喝，所以要喝。干啤老本家朝日的东西叫人放心，就买朝日的超干喝吧。”

之后，其他公司从干啤事业撤出，朝日靠超干占据了啤酒行业的龙头地位。

6 走红并非“等来的”，而是“设计包装出来的”

如前面所述的例子，走红不是等来的，而是设计包装出来的。

而对于包装走红，鸿沟理论是很有益的。

重点在于在最初阶段，要将目标划定为狂热追随者，绝不能扩大。

像卡莉，最初的目标就是全世界喜欢原宿系可爱文化的人们；朝日超干的最初目标则是啤酒通。

在攻陷这些人之后再逐步扩大目标，并且根据目标的变化改变所传递的信息。

今天打开我家的电视机，仍在播放卡莉唱歌呢。

我听到的歌词依然是不知所云。

很遗憾，在这一领域，我似乎永远是一个滞后者。

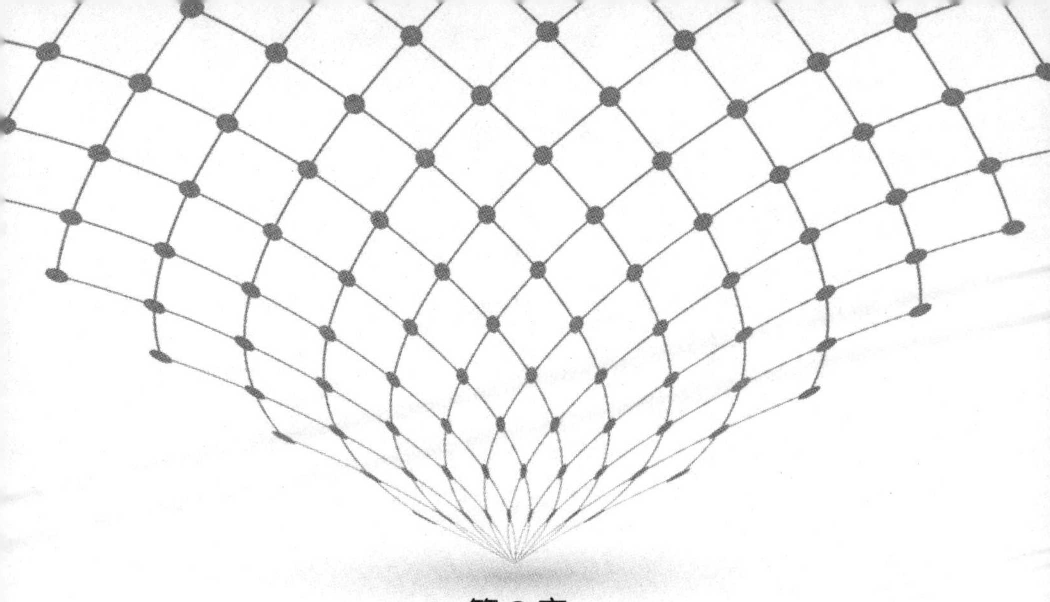

第8章

为什么二手书书店比普通书店赚钱多？

——迈克尔·波特的“五力理论”与“竞争战略”

1 接二连三关门的书店

“这家书店也关门了啊！”

我在某个车站下了车，发现车站前的书店已改头换面成了药店。

10年前，在人头攒动的车站前和商业区必定开有书店。那时，我只要有时间就不由自主地往书店跑，离开书店时不知不觉已买了好几本书。我很喜欢书店。

但是近几年，街头的书店相继关了门。

有的书店是因为书被盗而倒闭的。因为丢书，利润减少，陷入亏损，只好倒闭。大部分书店则是因为经营不佳。近20年，上市的新书倍增，书店的店面看起来热闹非凡，但销售量却减少了25%，整体市场趋于缩小。实体书店还受到网上书店的冲击，近15年来全国范围内的实体书店减少了四成，有点凋零孤寂的感觉。

与书店的减少相比，二手书书店近来却给人以增长的印象。沿街而行，总能看到BOOK OFF[①]，其他品牌的美观的二手书书店也在增多。

摆满最新书刊的书店应该比二手书书店更有优势的，为什么卖新书的书店在减少，卖旧书的二手书书店却在生气勃勃地发展呢?

① 日本最大的二手书连锁店。

2 元气满满的二手书书店

引人注目的二手书书店的代表是最近10~20年急剧增加的BOOK OFF。

我喜欢书，总是买个不停，结果书多得家里的书架装不下，书房一片狼藉。见此情景，我妻子说：

“快点扔掉，不就整齐了吗？”

“但很难扔掉啊。”

“为什么？”

“因为书中住着灵魂。”

“……说到底是不想扔啊。”

就这样一直拖延下去，书越积越多，终于，房间里连个落脚的地方都没有了。

这时，我听说“BOOK OFF无论什么书都收购”。正好距我家5分钟车程的国道边有一家BOOK OFF，于是我决定将不要的书都拿到那里去。

我挑出几百册不要的书，整整塞了10个纸箱，总算装上了车。

来到挂着黄地蓝字“BOOK OFF”招牌的店里，仅15分钟，店员便完成了对几百册书的价格审定。

审定价格合计3000日元，比我预想的金额少了一位数。

审查时，店员只是检查了书的状态和发行时间。其中有一本罕见的书，店员告诉我：“这本书太老旧了，我们不能购买。不过我们可以免费收下。但如果你拿到神保町[①]的二手书书店去，说不定他们能高价收购这本书。”较新的书的审定价格会高一些。

但再拿到神保町去太费事了。与其把这本书扔了，不如让店家免费收下，让别人有机会读到这本书。于是，我把带去的所有书都留在了这家BOOK OFF。

回想起当时的情形，我似乎找到BOOK OFF之所以不断增多的原因了。

把书拿到BOOK OFF的人大都像我一样认为“便宜些也

① 日本最大的书店街，集中了很多书店。

无妨，只希望书被收购”。我们这些人能有钱拿就已经烧高香了。

BOOK OFF从这些人手中以几日元到几十日元，有时甚至是免费地将二手书收购，然后以100日元左右的价格出售。虽说是二手书，但保存状态完好的人气新书极其好销，所以按定价的一成收购后，能以五成的价格销售。

做生意的基本原则是“便宜购进，高价卖出”，这样做确实能赚钱。

BOOK OFF里的书不仅便宜，书的种类之众多也不逊于普通书店。所以在那些不拘泥于阅读崭新书籍的读者眼中，它充满了魅力。

BOOK OFF迅速成长起来的原因还有一点：以前的二手书书店审查二手书时，需要店里有会鉴别的人；而BOOK OFF的审查主要看“是否有写字或折角，是什么时候的书”，完全不管此书是否罕见，即使小时工也能审查，这样就可以削减店铺的人事费。过去的二手书书店是没有这样的机制的。

BOOK OFF凭借这种简洁的构造，急速成长起来，将二手书书店开遍全国。

提到竞争，我们往往想到同行。如果是二手书书店，多会想到要如何战胜其他二手书书店。

但是否赚钱并非只由与对手竞争的状况来定。

BOOK OFF以低价大量收购书籍而获得成功的例子显示，是否赚钱决定于与形形色色的市场相关者的力量对比关系。

在此，我们将市场相关者分成五类，从营销角度思考为了盈利应该采取何种措施。

这是**竞争战略**第一人、管理学家迈克尔·波特提出的“五力”模型。按照模型思考，能更快地接近正确答案。

 按照“五力理论”思考 BOOK OFF

我不喜欢竞争。

无论如何竭尽全力，世上总会有很多无法战胜的劲敌。所以我总是避开竞争，思考“什么是只有我才能做到的事”，期冀“不战而胜”。

波特的竞争战略也基于同样的思考方式。

“在有获胜把握的事情上竞争”是波特的基本想法。在获胜机会渺茫的竞争上耗费无用的时间与成本，盈利就会减少。“五力理论”避开不能胜出的竞争，通过制造常胜来盈利。

“五力理论”将市场相关者分为“买方”“卖方”“新进入者”“替代品”“现有竞争者”五类，检查他们与自己的力量对比关系，分析哪一方处于强势。重点在于对对方而言，自己是否“独一无二”。

如果是独一无二的，则能处于强势，即在竞争中胜出。

什么是迈克尔·波特的“五力”？

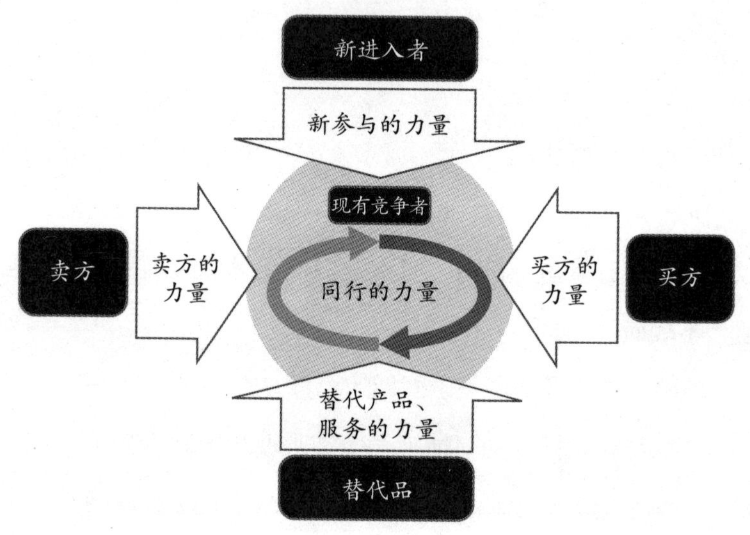

让我们以BOOK OFF为例，看看其“五力”是怎样的。

① 买方

对于“想买便宜书的人”而言，BOOK OFF价格便宜且种类丰富；又可以拿书在手，购买方便；在国道沿线开有很多店铺，前往也比较方便。

并没有相似的二手书书店，因此对于买方而言，BOOK OFF是唯一的选项，买方只可按其标价购买。即相对于买方，BOOK OFF处于强势。

② 卖方

在我把书卖给BOOK OFF的时代，BOOK OFF轻轻松松就能收购大量书籍，是因为它几乎是独一无二的。所以，即使收购价格很低，想卖二手书的人也会把书卖给它。对于卖方而言，BOOK OFF处于强势，所以能够以极其便宜的价格进货。

但现在情况发生了变化，卖二手书有多种多样的渠道。

例如，邮购商店“骏河屋”提供“简单收购”与“安心收购”服务，向那些想卖二手书的人宣传，只需将书用快递寄送即可，而且快递前就能知道收购价格。

此外，还有拍卖网站、亚马逊旧书市场等。

BOOK OFF不再是一枝独秀，也就越来越难以低价收购书籍。面对这种情况，BOOK OFF开始了上门收购业务，方便卖方将书卖出。

③ 新进入者

今后新开业的二手书书店，很难靠价廉与品种丰富和BOOK OFF抗衡。这样一来，只能在“价格和品种”以外的领域与BOOK OFF一争胜负，即BOOK OFF在此处于强势。

顺便说一下，想要作为新手进入某个行业，却因对手太强大而无法进入，这种障碍叫作“进入障碍”。

在“价廉且品种丰富的二手书书店”这一行业，BOOK OFF为对手筑起了一道高高的进入障碍。

④ 替代品

替代品是其他行业满足顾客同样需求的商品或服务。

对BOOK OFF而言，替代品是雅虎拍卖、mercari等拍卖网站，亚马逊的旧书市场，及骏河屋这样的二手商品网店。

在BOOK OFF创立的1991年，这些公司尚不存在，它们是后来随着互联网的普及诞生的。

BOOK OFF一直没有开设网上售书业务，所以顾客才有可能被这些替代品夺走。面对顾客流失的情况，它想出了开展线上事业，与雅虎拍卖联手在网上售书等办法。

⑤ 现有竞争者

一般性的二手书书店在价格与品种上不敌BOOK OFF。

但在漫画、历史、小说等专门领域，专业性的二手书书店却占优。

也就是说，在二手书书店行业，“价廉且品种丰富的BOOK OFF”和“突出专业性的二手书书店”划分出各自的地盘，巧妙地回避了竞争。

BOOK OFF的“五力”（2000年左右）

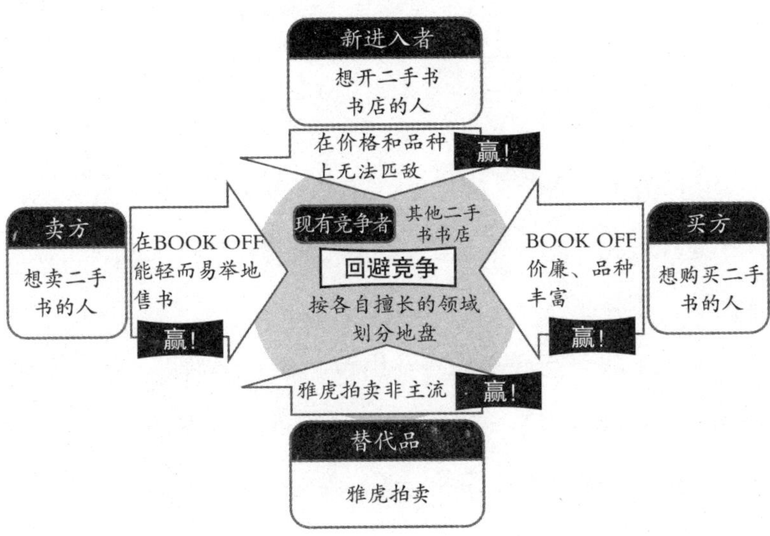

BOOK OFF的“五力”（现在）

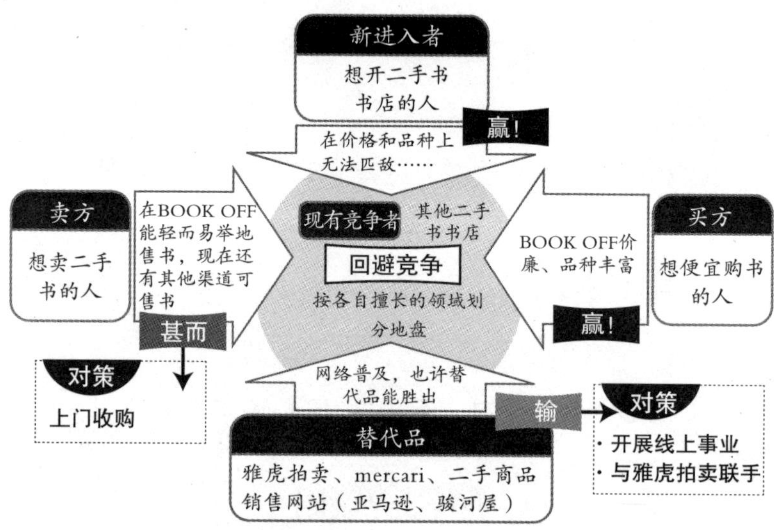

从“五力”来看，BOOK OFF对于买方、新进入者来说，几乎是独一无二的，处于强势；对于现有竞争者来说，二者划地而据，不存在竞争。

相对于随着互联网的普及出现的拍卖网站、二手商品销售网站等替代品来说，BOOK OFF则处于劣势。作为对策，BOOK OFF开启了线上事业，还与雅虎拍卖联手。

对于卖方而言，BOOK OFF曾经是独一无二的选择，但因为竞争对手的出现，收购变得困难，收购价格上升，压缩了利润空间。BOOK OFF想出对策，为了方便卖方售书，开始了上门收购服务。

按照“五力”进行分析可知，BOOK OFF曾避开与市场相关者竞争而发展起来，还能看出后来竞争状况的变化与其采取的对策。

4 为什么普通书店不赚钱?

普通书店不赚钱的原因，也可以通过“五力理论”分析找到答案。

① 买方

普通书店的品类构成全都如出一辙，即对于读者而言，书店非强势，而是处于较弱的立场。很多书店也并未采取措施应对。

② 卖方

把书卖给书店的卖方是有限的。日本的图书批发行业几乎被两家公司独占，如果不从他们那里进货，书店就无法调配到书。即书店相对于卖方而言也处于弱势立场。书店也未采取应对措施。

③ 新进入者

即“想开书店的人”。无论是谁都能够开店，几乎不存在进入障碍。受消费者欢迎的全新类型的书店一出现，很可能会一下子把普通书店的顾客都抢走。

④ 替代品

普通书店的替代品有电子书与亚马逊等网上书店。普通书店在品种和便利性两方面均输给了它们，即相对于替代品，普通书店处于劣势。

⑤ 现有竞争者

普通书店的品种没有太大的区别，店铺都很相似。差异化不明显的普通书店之间有着激烈的竞争。

普通书店的“五力”

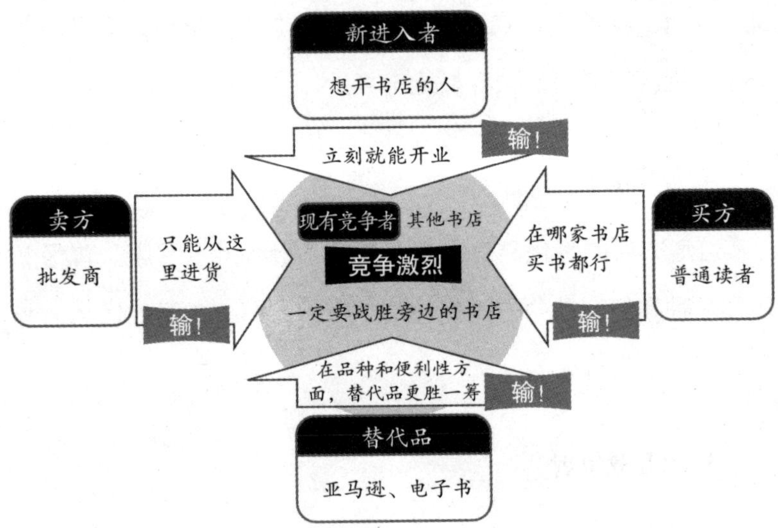

如图所示，普通书店相对于任何一个市场相关者都处于劣势。很多书店也没有采取对策，书店之间展开激烈的竞争。

这是无法获胜的竞争。

所以不赚钱。

但如果转变一下思路，就能够脱离这种状况。

晚上10点，我走在代官山街头，看到一家热闹的书店——代官山茑屋书店。

这家店营业至深夜，设有咖啡厅与酒吧。

书店为读者提供了极其宽松的选书空间，熟谙料理、旅行、音乐等不同领域的顾问为读者选书提供建议。

这种体验是网上书店和二手书书店都无法提供的。

书是知识，是文化。

书店是与文化邂逅的舞台。

代官山茑屋书店的做法可供普通书店参考。

5 征战商场的三种方法

战术似乎是无穷无尽的，然而，在商场上，征战方法却只有下面三种：

- **成本领先战略：目标是实现业界最低的成本。**
- **差别化战略：目标是针对顾客的特定需求做到最好。**
- **集中战略：目标是在狭小的市场实现彻底的差别化。**

廉价采购并售出的BOOK OFF，采取了**成本领先战略**。BOOK OFF之外的元气满满的二手书书店则凭**差别化战略**与**集中战略**征战。

6 小街上的二手书书店施行“差别化战略”

最近，街头出现了很多时尚、富有个性的二手书书店。几天前，我正巧偶遇了一家这样的小店。

看上去三十来岁的帅气店长正伏在狭窄入口处的吧台上看书，吧台前的小桌上，一条约瑟犬在睡觉。我轻抚它，它样子乖巧，似乎很舒服。好可爱啊！它简直就是这家店的招牌。

这家店的气氛使我的内心有一种被治愈的感觉。

博物学、人文学、哲学、艺术……店里陈列着店长按自己的嗜好选择的书籍。精挑细选的书恰到好处地摆放在沉稳的空间内，我不由得拿起一本浏览。

不过，店面很小，一天的销售额不会高吧。

二手书的进货渠道也是个谜。店里贴着“收购书”的告示，但不像在BOOK OFF那样，有很多人拿书来卖。

这里今后是否能继续销售高品位的书籍呢？虽然与我无关，我还是为看起来不在意时间、正潜心阅读的店长担忧起来。

我在这家二手书书店享受了一段愉悦的时光后走进了附近的一家咖啡馆，这里的气氛也极好。

墙边的架子上陈列着书籍，和刚才那家二手书书店摆放的一样，也都是一些高格调的书。

我与店主聊了起来："您这家店的气氛真不错啊。啊！我也喜欢这本写真集的摄影师呢。"

"哦，这是附近那家二手书书店的店长给选的。"

"啊？是那位店长吗？"我吃了一惊。

从这位店主的话里得知，东京都的许多咖啡馆都让那位长相帅气的书店店长帮着选陈列的二手书。书店店长对咖啡馆的概念、氛围有着较好的理解，挑选与咖啡馆相称的二手书送到店里。咖啡馆只负责把那些书摆在架子上。在咖啡馆陈列的书籍可销售给有需要的人，这些咖啡馆实质上就成了书店店长的扩充店铺，而且遍及东京都内各地。

咖啡馆店主还告诉我，那位书店店长是从神田的二手书书店街定期举办的二手书书市上鉴别、选购书籍的。

书店店长的绝对优势是一双识别高品位书籍的慧眼。

下面，让我们再次按“五力理论”进行整理和思考。

① 买方

光顾那家二手书书店的顾客，想为咖啡馆打造出良好氛围的咖啡馆店主，光顾咖啡馆的顾客。

书店店长向咖啡馆提供由他亲自挑选的旧书，咖啡馆向来店的顾客售书。由此，书店店长得以拥有远远大于自己那家小书店的卖场，并使自己得以享受安静的阅读时光。

② 卖方

二手书书市的同行。

他们把自己店里卖不掉的不要了的书拿到二手书书市上销售。书店店长从这些书中甄选出自己心仪的二手书。虽然它们不像BOOK OFF卖的书那么便宜，但物有所值。

③ 替代品

雅虎拍卖、mercari或亚马逊的二手商品市场。

这些地方不会像书店店长那样推荐好的二手书。这一点是书店店长的得分项。

④ 新进入者

那些想开二手书书店的人。

书店店长的阅读嗜好与卓越的眼光很难模仿，这成为进入障碍，这道障碍或许出人意料地高。

⑤ 现有竞争者

虽然有同行存在，但因为都是以各自的个性为武器，所以不存在竞争。

如上面的分析所示，书店店长以不同于拥有极强价格竞争力的BOOK OFF的方法，针对顾客的特定需求，施行旨在最佳的差别化战略。

需要注意的是，施行差别化战略也有风险。如果突破进入障碍，效仿书店店长的竞争者增多的话，店长的生意就会变得难做。效仿者一多，将无法做到差别化。

7 Mandarake 采取的是“集中战略”

顺着涩谷的一栋杂居楼的地下二层那长长的楼梯下去，自动玻璃门开启，就可以进入Mandarake店内。这家二手书书店既不同于BOOK OFF，也不同于街头专营漫画的二手书书店。

令人意外的是，店里的顾客中，年轻女孩子居多。因为这里除了有二手漫画书，还有许多她们喜欢看的BL[①]类书刊，此外还有很多漫画的周边商品。

其中有一对年轻的美国夫妇。他们一边挑选《龙珠》的交易卡[②]等物品，一边小声地说着：“哦，我的天哪！”“太妙了！”“了不起！”声音里透着兴奋。

还有几位阖家前来的中国人。他们的目标似乎是漫画人物的模型，目光完全被吸引了过去。

几位变装店员好像从漫画的世界里走出来一样。有的女

---

① boyslove。面向女性读者的描写男性同性恋的杂志。

② 游戏用的卡片。

店员像《福星小子》中的拉姆一样裸露着后背，让人不知该看向何处；有的女店员则穿着带褶边围裙的萝莉装。在Mandarake，每月都进行变装店员的人气排名。

来卖珍藏本的卖家络绎不绝。店内，每隔几分钟就广播道："排在第×号等候的顾客，请到收购台。"

这里有我中学时期读过的《少年Sunday》与《少年Jump》。当年，集齐几十册看过的漫画杂志就能拿去换手纸，而现在同样的书用塑封包好,每册可以卖到2500日元。手冢治虫昭和二十六年[①]版的漫画竟能卖12万日元。

书架上贴有店铺想要收购的书刊的名单。以《大饭桶》《棒球迷之歌》闻名的漫画家水岛新司绘制的《掌柜与学徒》，一套六册的收购价为12万日元。据说这套漫画是50多年前，出道不久、尚默默无闻的水岛新司受托为当时的人气剧作的。

下面让我们依"五力"进行分析。

在身为买方的漫画爱好者眼中，Mandarake是能够邂逅在他处无法相遇的稀有漫画的乐土。

① 即1951年。

对来卖珍藏书的卖方而言，Mandarake以超高价格收购被BOOK OFF否定的罕见书籍，实在难能可贵。他们认为Mandarake的眼光在世界上是独一无二的。

无论是想经营二手书书店的人，还是已经在经营二手书书店的同行，在漫画品类和漫画知识的深度方面，都无法敌过Mandarake，所以都不想涉足该领域，与之竞争。进入壁垒极高，可谓“铁壁”。

Mandarake的稀有漫画在作为替代品的雅虎拍卖、mercari、亚马逊的二手商品市场也无法寻获。

Mandarake在二手漫画书这一锁定的领域，通过针对彻底拣选的顾客（漫画爱好者），提供其他地方无法拥有的稀有书籍，做到绝对的差别化。在这一领域，它是绝对独一无二的存在。

Mandarake靠在狭小市场实现彻底的差别化这样的集中战略征战。

但集中战略也有风险。例如，如果出现专营BL的二手书书店，在BL这一领域，Mandarake就会难做。如果再有同行出现在其他锁定的细分市场，Mandarake的顾客就会被进一步分流。

旧书店的三种战略

成本领先战略

BOOK OFF

以实现业界最低的成本为目标
→创造出低成本机制

· 从想处理书的人那里以极低的价格采购
· 彻底削减作业成本，从而形成简洁的机制，在短时间内审定大量的书籍

风险：一旦出现成本更低的运用新技术的同行，就会失去竞争力。
（例如，拍卖网站、二手商品购物网）

差别化战略

街头的二手书书店

对于顾客的特定需求，力争做到最好
→创造出他人无法提供的价值

· 店长运用独特的眼光，向咖啡馆及其顾客提供高品位二手书，变相地扩大了自己的店面。

风险：一旦出现众多的效仿者，便无法实现差别化
（例如，效仿店长的业界同行）

集中战略

Mandarake

力争在狭小市场实现彻底的差别化
→向彻底锁定的顾客提供绝对价值

· 锁定在二手漫画书领域
· 具有挖掘极其罕见的二手漫画书的眼光
· 提供宅文化动漫迷也大为赞叹的品类，得到顾客的绝对支持

风险：一旦在进一步细分的市场出现同行，顾客就会被分流（例如，专营BL二手书的同行。）

如上所述，元气满满的二手书书店分别凭借“成本领先战略”“差别化战略”“集中战略”这三种战略而战。

对BOOK OFF、街头的二手书书店、Mandarake的征战方法和风险加以整理，如前图所示。

8 以独一无二为目标

销售时，我们往往考虑如何与对手征战。但商场上的输赢关系到形形色色的市场相关者。

要想在商场取得成功，看清自己与所有市场相关者的力量对比关系，采取必要的对策，处于对己有利的立场是非常重要的。

对此，迈克尔·波特的“五力理论”和三种“竞争战略”发挥了巨大的作用。

竞争战略的目标是避免竞争。徒劳的竞争会耗费金钱、人力与时间；避开竞争，则能将精力投入到提高提供给顾客的价值上，因此能够盈利。

在商场，再也没有比成为顾客追求的独一无二的存在更重要的了。

第1章介绍了**价值主张**与**蓝海战略**。价值主张即成为在顾客眼中独一无二的，蓝海战略则是指争取成为市场上独一无二的。

成为顾客和市场追求的独一无二的存在，就能拥有最强的竞争力。

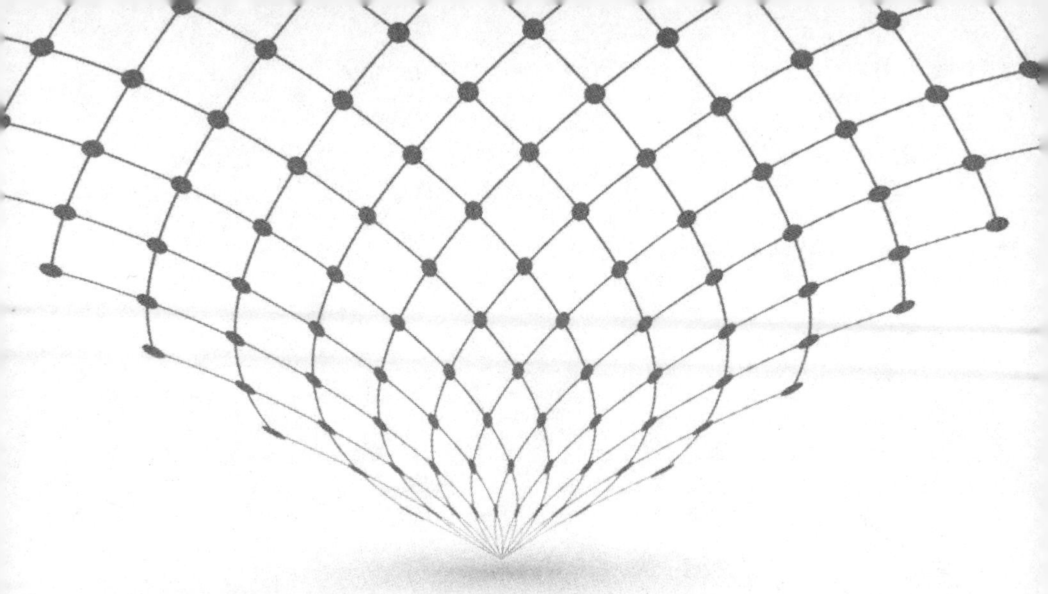

参考文献

第1章

初级：

1. 《把100元的可乐卖到1000元》（永井孝尚著，角川出版）

在第5章中介绍价值主张的思维方式。

2. 《一杯咖啡的商业启示》（永井孝尚著，角川书店出版）

在第1章中以Dotoru咖啡为例对蓝海战略进行解说。

中级：

1. 《价值主张战略的50种做法》（永井孝尚著，Orutanatibu出版）

将以价值主张为中心的营销战略的思考方式加以扼要归纳。

2. 《新版蓝海战略——创造没有竞争的世界》（W.钱·金、勒妮·莫博涅著，钻石社出版）

蓝海战略的倡导者W.钱·金与勒妮·莫博涅简明解说蓝海战略。

高级：

1.《价值主张设计：创造顾客想要的产品和服务》（亚历山大·奥斯瓦尔德、伊万·比纽赫著，翔泳社出版）

以初创企业等风险企业为对象，解说价值主张的做法。

第2章

初级：

1.《把100元的可乐卖到1000元》（永井孝尚著，角川书店出版）

在第3章中介绍顾客满足公式。

高级：

1.《顾客忠诚度的管理》（弗雷德里克·莱希赫尔德著，钻石社出版）

详细描写努力获取顾客忠诚度的思考方式。

2.《品牌领导》（戴维·A.阿克著，钻石社出版）

提倡打造品牌资产的思考方法，是品牌理论第一人的品牌论。

第3章

初级：

1.《把100元的可乐卖到1000元》（永井孝尚著，角川书店出版）

在第1章与第2章中介绍产品导向与市场导向（顾客导向）两种思维方式的区别，指出顺应顾客的产品卖不动。

中级：

1.《我的意大利餐、我的法国餐——以绝对优势创造战胜竞争优势的方法》（坂本孝著，商业界出版）

“我的株式会社”的创业者坂本解说“我的株式会社”的商业模式。

高级：

1.《把100元的可乐卖到1000元》（永井孝尚著，角川书店出版）

2.《管理的基本与原则（精华版）》（P.F.德拉克著，钻石社出版）

本书介绍了“企业的目的只有一个，那就是创造顾客”。此外，本书还介绍了各种重要的管理原则。

第4章

初级：

1.《把100元的可乐卖到1000元》（永井孝尚著，角川书店出版）

在第4章中介绍了向市场领袖挑起价格战与自己发动胜负之争是一样的。在第8章中介绍了产品销售与价值销售（即销售体验）的区别，前者可售卖150日元的布丁，后者则可售卖500日元的布丁。

高级：

1.《科特勒的营销入门》（菲利普·科特勒、加里·阿姆斯特朗著，培生教育出版）

介绍了成本基准型与价格基准型两种价格设定方法。

第5章

初级：

1.《把100元的可乐卖到1000元》（永井孝尚著，角川书店出版）

在第7章中介绍了渠道战略的观点。在第2章与第6章中介绍了兰彻斯特战略的“强者战略”与“弱者战略”。

中级：

1.《7-11：永无休止的革新》（田中阳著，日经商业人文库出版）

在周密采访的基础上描述了7-11的努力做法。

高级：

1.《科特勒和凯勒的营销管理（第12版）》（菲利普·科特勒、凯文·莱恩·凯勒著，丸善出版）

归纳了渠道战略的观点。

2.《兰彻斯特思维——竞争战略的基础》（福田秀人著，东洋经济新报社出版）

归纳了兰彻斯特战略的观点。

第6章

初级：

1.《把100元的可乐卖到1000元》（永井孝尚著，角川书店出版）

在第9章中以失败的节能装与成功的凉爽商务装为例，介绍了促销的观点。

高级：

1.《科特勒和凯勒的营销管理（第12版）》（菲利普·科特勒、凯文·莱恩·凯勒著，丸善出版）

归纳了营销沟通的观点。

第7章

初级：

1.《把100元的可乐卖到1000元》（永井孝尚著，角川书店出版）

在第10章中介绍了创新扩散理论与鸿沟理论。

中级：

1.《鸿沟2.0（增补改订版）》（杰弗里·摩尔著，翔冰社出版）

提出鸿沟理论的杰弗里·摩尔所著的关于鸿沟理论的最新著作，内容简单易懂。

2.《不可小觑的啤酒——朝日超干的第18年》（松井康雄著，日刊工业新闻社出版）

作者是设计包装超干啤酒的原朝日啤酒市场部部长。本书亦可作为活生生的教科书。

高级：

1.《创新的普及》（艾弗雷特·罗杰斯著，翔冰社出版）

提出创新扩散理论（准确地说是创新普及的过程）的艾弗雷特·罗杰斯在本书中详细解说了创新扩散理论。

第8章

初级：

1.《波特教授〈竞争战略〉入门》（M.格乐博·塔斯克·弗斯著，综合法令出版株式会社出版）

简单易懂地解说被认为难懂的迈克尔·波特的竞争战略。

高级：

1.《竞争战略（新版）》（迈克尔·波特著，钻石社出版）

提出竞争战略的迈克尔·波特所著的关于竞争战略的教科书，详细解说了本章中介绍的“五力”和竞争的三种基本战略。据说本书是美国CEO的必读书。